虫の眼・鳥の眼・子どもの眼

子どものミカタ（味方・見方）

高橋のぶゆき
Takahashi Nobuyuki

まえがき

♪はじめてであった～あの日から
　　　なにかが～始まる　気がしてた
　はじめは～ムツカシク　思えたことが
　　　続けて～いるうちに　カンタンになった
　無限の～可能性が　あるのが子ども
　　　転ぶたび～笑って　また始める♪
（♪子どものうた（オリジナルソング集）♪『勇気をだして』楽譜 P111 参照）

　親になった日から～『**子どものいる～暮らし**』が始まります
　新学期～**クラス担任**になった日から～このクラス・このメンバーで…
　　　春夏秋冬（笑ったり～泣いたり）の『**1年ドラマ**』が始まります

　この子に～巡り合えたおかげで
　　　自分ひとりの人生では～経験できないような…
　　　　　わくわく楽しい！　ハラハラ～どきどき！の～日々が続きます
　時には～くたびれてしまうことも～あるでしょう…
　　　時には～逃げ出したくなることも～あるでしょう…

　けれど～**子ども**の「**こころ**」と「**笑顔**」は
　　　私たちおとなに『**育てることの～喜び！**』と
　　　　　『**生きることの～楽しみ！**』を～体験させてくれます
　　　そして～自分を「**育ててくれた人**」の**想い**や～**願い**を…
　　　　　もう一度～**感じ**させてもらえる…そんな**時間**でもあるのです

♪**勇気をだして　歩いてみようよ**
　　　自分を～信じることから～始めよう
　勇気をだして　試してみようよ
　　　あそんだ～かずだけ…　世界が～友だちがひろがる♪

2004年の夏…『げんき』のNo.84から〜連載を始めた
　　『**虫の眼・鳥の眼・子どもの眼**』も〜シリーズ30回を超え…
　　　　ここに「一冊の本」として〜まとめることになりました

『**虫の眼**』…　　できる限り〜**近く**に**寄り添い**　注意深く〜**観察**すること！
『**鳥の眼**』…　　遠くを眺め〜**目的**と**方向**を見失わず…
　　　　　　　　　広く**全体のバランス**を〜把握すること！
『**子どもの眼**』…何事にも〜**不思議のこころを持ち**…**とらわれのない眼**で
　　　　　　　　　あるがままの**自然**を〜**受け入れて**いくこと

ひとりの子どもを〜見るとき…
　　　いろんな**角度**から〜見てみよう（**地球儀**を見るように…）
知っているところも〜**知らない**ところも（**目に見えないところ**も…）
　　　そのどれもが〜その**子ども自身**であるように…
　　　　（知るためには〜寄り添うこと…知りたいと願う**こころ**が大切）

『**子どものミカタ**』
　　　子どもの**見方**（子ども側の論理）を…
　　　子どもの**味方**（子ども側の言葉の代弁者）に〜少しでもなれたら…と
　　　そんな想い（願い）で…「連載」を書いてきました

子育ての問題で〜悩んだり・困った時は…
　　　「**子どものしあわせ**」を〜**優先順位**の一番に考えて
　　　　　今まで…多くの〜子どもやその親（家庭）と…歩いてきました
　　　　　多くの〜保育者の人といっしょに
　　　　　　　研修会や〜あそびの学校で…学びあってきました
でも〜でも…まだまだです…
　　　わからないことが〜いっぱいです（地球は広いです…）
でも〜でも…楽しいのです！
　　　（子どもの**宇宙**は…はてしない喜びに〜あふれていますから…）

目　次

　　まえがき 2

1章　虫の眼・親の眼・家庭の眼（家庭で育つもの…）
　　　《子どもを育てる～よろこび！》
　　　《親にできること～親にしかできないこと！》

①**子育てを楽しく！**（子どもも～親も～楽しくなる子育て） 10
　　＊１日３回『抱っこ』から～始めよう！ 10
　　＊「子育て教習所」があったら…（教えること～育てること） 12
　　＊いっしょにあそぶ！（好き！を～見つける子育て） 14

②**子育ての『優先順位』** 18
　　＊『見る』『聞く』『考える』ことが～好きな子ども！ 18
　　＊『知る』こと…『わかる』こと…　そして『できる』こと！ 20
　　＊『体力』『知力』…　そして『気力』の時代へ… 22

③**子どものこころに届く言葉** 24
　　＊『おはよう』と『ありがとう』（あいさつと感謝） 24
　　＊『聞く力』を育てる！（聴く力～聞き取る力を育てる） 26
　　＊『言葉』は～おもしろい！（言葉の魅力～魔力） 28

④**子育ては～未来の親育て！**（家庭教育力） 30
　　＊家事をいっしょに！（あなたは～大切な家族の一員） 30
　　＊日が暮れたら～お家に帰ろう！ 32
　　＊オヤジの子育て！ 34

⑤**アンダー10の子育て**（今から～ここから～はじめよう！） 36
　　＊ステップ①（まずは～食事時から…） 36
　　＊ステップ②（一日の暮らしの中で…） 37
　　＊ステップ③（明日の子育て！５話） 38

2章　鳥の眼・園の眼・社会の眼（園で育つもの…）

《好き！をいっぱい見つける～あそびの保育》

《友だちといっしょに…あそぶこと～育つこと》

①保育を楽しく！ ……………………………………………………………… 42
　　＊「覚える力」「考える力」「感じる力」……………………………… 42
　　＊『空気』の流れる～保育室 …………………………………………… 44

②季節の保育（子どもの生活を中心に…春～夏～秋～冬）…………… 46
　　＊子どもの眼から～『季節の保育』を考える ……………………… 46
　　＊100回泣いていいんだよ… …………………………………………… 50
　　＊5月のみどりを～探しに行こう！ …………………………………… 52

③あそびの保育 …………………………………………………………… 54
　　＊**絵本と手あそび** ……………………………………………………… 54
　　　　（見る・聞くが…楽しいから～始まる保育）
　　＊**色がみあそび** ………………………………………………………… 58
　　　　（色がみ1枚で～いっぱいあそべる）
　　＊**幼児のおえかき** ……………………………………………………… 62
　　　　（描くことが好きになる～おえかき表現）
　　＊**幼児の積木あそび** …………………………………………………… 66
　　　　（保育の中での～積木あそび）

④あそびの学校（つながる保育～つながる研修）……………………… 72
　　＊『**好奇心**』（おもしろそう～！）『**意欲**』（やってみたい！）…… 72
　　＊始まりと～終わりの『間』の…こころの変化が成長！ ………… 74

3章　子どもの眼（子育てエッセイ）
～とらわれのない眼（あるがままを～受け入れる）～
《子どもが育っていく～いのちの時間》

《子どもといっしょに～生きるよろこび！》

① 『優しい時間』と『優しい言葉』...78
　　　　　（喜びは順送り…）

② こころの『しあわせ貯金』..80
　　　　　（こころの疲れは～自然の音を聞こう）

③ 「ストレスコップ」と「しあわせコップ」...82
　　　　　（知らないことを～知りたい！）

④ 子どもといると～元気がでるから…..84
　　　　　（好き！を～見つける…）

⑤ 人を『責める』より～人と『いっしょ』に…....................................86
　　　　　（手を抜けば～手がかかる…）

⑥ 便利の中の『不便』　豊かさの中の『貧しさ』.................................88
　　　　　（生きることが～好きになる…）

⑦ 『ただいま！』と『おかえり！』...92
　　　　　（反抗期の子育て！を楽しむ）

⑧ 結婚するなら～絵本を読んでくれる人と…....................................94
　　　　　（子どもを～育てる楽しみ）

⑨ 子どもを『見ていた』つもりが…見られていた.................................96
　　　　　（子どもの時間～いのちの時間）

⑩ 優しさは人を守り～厳しさは人を育てる.......................................98
　　　　　（しあわせ時計の時間）

⑪ 『育ててもらった』想い出…...100
　　　　　（育てると～育てていただく）

⑫ また～新しい春がきて…..104
　　　　　（子育ての～道先案内人）

子どものうた（オリジナルソング集）

♪勇気をだして	110
♪おはようのうた	112
♪夜８時に…	114
♪笑ってあそぼ！	116
♪歩こう〜歩こう！	116
♪まちがえたって　いいじゃない	118
♪静かに眼を…	120
♪雨の道を…	122
♪あなたの笑顔みてたら	124
あとがき	126

作詞作曲　　高橋のぶゆき
楽譜（採譜）　笠井伊津子

表紙絵　　　丸投三代吉
裏表紙絵　　山口マオ

1章

虫の眼・親の眼・家庭の眼
(家庭で育つもの…)

＊子どもを育てる〜よろこび！
＊親にできること〜親にしかできないこと！

①子育てを楽しく！（子どもも～親も～楽しくなる子育て）

＊１日３回『抱っこ』から～始めよう！

　　　☆**朝起きたら…**　おはようの『抱っこ』
　　　☆**夕食前『抱っこ』して…**　「さぁごはん食べよう」
　　　☆**夜眠る前～絵本を読んだ後…**　おやすみの『抱っこ』

『抱っこ』
　　幼い子どもにとって～こころが**楽しく**なっちゃう～最高の**あそび**！
『抱っこ』
　　子どものこころを～**充電**させる『しあわせ貯金』の時間！

　もし…自分が～子どもだったら…
　　どんな親が～好き？　何をしてもらったら～嬉しい？
　　　子育てを「ムツカシイ」と感じたら…ここから始めてみませんか…

子どもの求めている「モノ」を知る！

　子どもに～**寄り添って**生きていると…**楽しい**ことに～いっぱい出合います
　　同じ「モノ」を見て…　驚いたり～嬉しくなったり
　　　『**不思議**』を感じたり～**感動**したり～笑い転げたり…

　一方…子どものこころと『**距離**』が～あるおとなは…子育てが楽しくない！
　　「ムツカシイ」モノだと…思い込んだり～決めつけたり…

　本当にそうでしょうか…？
　　誰でも～**子ども時代**があり…　あの頃（子どもだった～自分が）
　　　本当に**望んだ**ことや～おとなに**求めた**モノは
　　　　そんなに「ムツカシイ」モノではなかったはず…

子どもが「何を**望んで**いるのか？」 求めている「モノ」を知るには…
　　子どもの**話**を～しっかり「**聞く**」こと！
　　子どもの**眼**を～ゆっくり「**見る**」こと！
　　子どもの**心**を～ゆったり「**感じる**」こと！
子どもと**いっしょ**に～**自然**の中で（空を～見上げるだけでもいい…）
　　静かな時間の中で…子どもと『**同じ空気**』を吸ってみる…
　　　　子どもの方から～教えてくれること…に気づきます

『**子育てを楽しく**』するには…
　　『**子育てをわかりやすく**』することから～始めてみましょう
自分が～何か新しい「習い事」をする時…
　　（例えば…スポーツとか楽器を～習いに行った時）
その「習い事」が～楽しくなるかどうかは…　先生（指導者）の**説明**が
　　『**わかりやすい**』かどうかが～大きなポイントになります
逆に…理論や理屈は～いくら正しくても「ムツカシイなぁ…」
　　と感じてしまえば…やる気（意欲）が～失せてしまいます
　　　　（子どもも～同じ気持ちで…おとなの言葉を～聞いています）

『あたりまえ』と『不思議』

子育てをする人は…　誰でも～はじめは『**初心者**』です
　　大きな百貨店に例えると…１階のフロアで～迷っているのです
『**はじめての世界**』には～『**不思議**』が多いもの…
　　その「**不思議**」を「**好奇心**」がある人は～**おもしろそう！**と感じ
　　　　わくわく感のある～**魅力**いっぱいのフロアになります
　　知っていて「あたりまえ！」…できて「あたりまえ！」と思うから
　　　　しんどくなったり～やる気がなくなってしまうのです
『**何事も～はじめあるもの**』
　　「はじめての世界」や「知らない世界」は…
　　『**不思議を楽しむ**』こころを持って…まず**一歩**前に～進んでみましょう

＊「子育て教習所」があったら…（教えること〜育てること）

そういう意味で〜**毎回はじめての方**を対象に…1階から〜10階へと
「**順**」を追って〜誰にでも「**わかりやすく**」教えてくれる〜
場所のひとつに…自動車の「**教習所**」があります
私が〜自動車学校へ通っていた頃…　確か〜学科も実技（運転）も
それぞれ〜30時間ほど勉強して「**運転免許証**」をいただきました
もし〜今『**子育ての教習所**』があって…理論（勉強）と〜実技（体験）を
それぞれ〜何時間（どれくらい）勉強したら
『**子育て免許証**』をもらえるのでしょう…？

それに「**子育て**」には…
あかちゃんの頃〜幼児期〜小学校の頃〜思春期〜青年期…と
それぞれ**内容**も〜異なりますから
「**子育て教習所**」には…**何回**も〜通わなくてはなりません
でも…それぐらい**学ぶ**ことは〜たくさんありますし…
その上…「車の運転」と「子育て」は〜比べようもなく
子育ての方が〜はるかに「ムツカシイ…？」

さて〜ここで「**子育て**」について
少し「問題」をバラして〜考えてみましょう…
『**教育**』というのは…
『**教える**』こと…と『**育てる**』こと…から成り立っています

＊「**教える**」ことは…
短時間でもできますし〜**結果**もすぐに見ることができます
＊「**育てる**」ことは…（花を育てるや〜人格を育てるなど…）
長い時間の〜**積み重ね**であったり…
すぐには結果がでなかったり〜目には見えない力だったりします

もちろん～そのどちらも大切ですが…
　　　親の仕事として～特に考えてほしいのは…
教える…　他の誰でも～結果のわかる（目に見える）ことより…
育てる…　性格や人格・習慣など～時間がかかっても
　　　　　親や家庭でしか～育てられない力を…大切にしてほしいのです

次に『**勉強**』と『**学習**』（似ているようで～ずいぶんちがいます）
　＊「**勉強**」は…**勉めて～強いる**と書きますが…
　＊「**学習**」は…**学んで～習う**と書きます

「勉強」の方は…　　上から下にむかって～先生や親（おとな）が
　　　　　　　　　子どもにがんばらせるもの（と子どもは感じています）
「学習」の方は…　　子どもが興味を持ったモノを～子ども側から
　　　　　　　　　「学ぶ」「習う」と…主人公は子どもの**こころ**です

『習う』は『慣れる』
　　　楽しい**あそびの条件**に…「**くり返し**」あそべる！というのがあります
例えば…　ケン玉や～コマまわしなどの「**昔あそび**」をする時…
　　年上の子どもが…あそんでいるのを**見て～あこがれて～マネ**をする
　　　最初は～失敗の**くり返し**（そこで…**観察**が始まり～**工夫**が生まれる）
何回も～チャレンジ！　何日も～トライする日々！が続き…
　　　時間がかかった分だけ～成功した時の「**喜び**」は大きくなります！

子どものこころに『**好奇心**』が生まれ…「おもしろそう」と思う
　　「やってみたい」と『**意欲**』が芽ばえる…

そんな「**あそび**」や「**経験**」が～家庭の中で…
　「親子のあそび」や「生活体験」の中に～いっぱいあれば
「**習う**」とは「**慣れる**」ことになり（毎日の暮らしの中で…）
　　学ぶこと（学習）の**好き**な…「**性格**」や「**人格**」が育ちます

＊いっしょにあそぶ！（好き！を～見つける子育て）

『好き！』と『いっしょ』
　　あそぶことが「**好き！**」　**生きる**ことが「**好き！**」
　　　　そんな「子ども」に育ってほしい…と「おとな」は願い
　　　子どもの側は「**いっしょ**」に**あそぶ**！「**いっしょ**」に**生きる**！
　　　　そんな「おとな」を求めている…

　　「これが～あなたの（将来の）ため…」なんて
　　　　お金を出す（口も出す）～そういう「おとな」より…
　　子どもは…そばにいて「**いっしょ**」に
　　　　笑ったり～泣いたり～驚いたり～感動したり～
　　　　　不思議を『**共有**』してくれる…おとなを求めています

情緒の安定は『しあわせ貯金』から…

　『**情緒を共有**』してもらう体験は～誰でも嬉しく
　　　　しあわせな体験は…『**しあわせ貯金**』になって～情緒の安定につながる
　『**情緒が安定**』した子どもが…人にも「**優しく**」なれるのです
　　　自分のこころが安定しない（不安定なのに…）
　　　　「人に優しくしなさい！」と～いくら言われても…
　　　それは（おとなでも～子どもでも）できるものではありません

『お金をかけずに～手間をかける！』
　　　子どもが「絵本」や「手あそび～わらべうた」を～好きなのは…
　　　　　自分の～大好きな親や～保育士が
　　　　　　自分のために「**時間**」と「**手間**」をかけてくれるから…
　　　子育てや～保育を「**楽しく！**」するには
　　　　　子どもと「**いっしょ**」に
　　　　　　「**好き！**」をいっぱい～見つける**あそび**（体験）をすればいい

15

生きることは〜　あそぶこと！
　　あそぶことは〜「好き！」を見つけること！

　　　　春は　散歩に　花摘み　お弁当持ってピクニック…
　　　　夏は　ザリガニ釣りに　セミ捕り　水あそび…
　　　　秋は　紅葉のはっぱ集めに　夕やけ　流れ星…
　　　　冬は　凧あげに　こま回し　ケン玉…

子どもと「**いっしょ**」に〜たくさんの「**好き！**」を見つけよう…
　　「**好き！**」をいっぱい見つけるには…
　　　　『**不思議**』と『**驚き**』の**こころ**を持つこと〜持ち続けること！

知らないことを〜知ることは…　とってもおもしろい！
　　できないことは…　できるようになる楽しみがある！

毎日の暮らしの中で…子どもの**こころ**に〜寄り添うおとなは
　　この「**気持ち**」を〜持ち続けたい…と思います

子どもは『**不思議**』を見つける天才です！
　　子どもの〜**目**や**言葉**や**行動**を〜**注意深く**見ていると
「たくさんの不思議」と「驚き」の世界を〜毎日のように見せてくれます
　　問題は…　そのことに「おとな」の方が〜**気づく**かどうか？

例えば「**これ〜なぁに？**」と〜子どもが問いかけてきた時…
　　「**言葉の答え**」以上に〜求めているものがあります
　　　　＊「うわぁ〜いいモノ見つけたね」「きれいだね…」
　　　　＊「不思議なモノ見つけたね」とニッコリ微笑む…

「**言葉を受けて**」もらったり…『**感動を共有**』してもらうと
　　子どもの「**笑顔**」は〜もっと大きく！もっと深く！なります

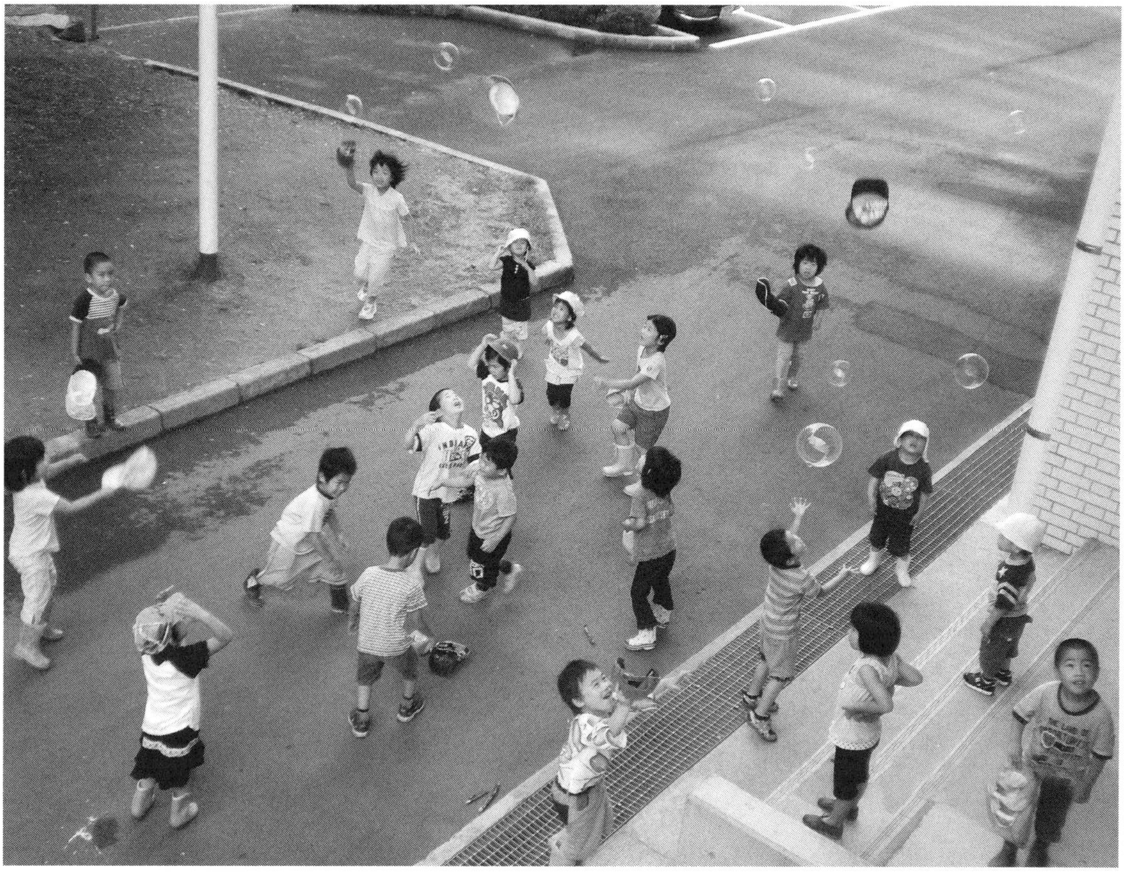

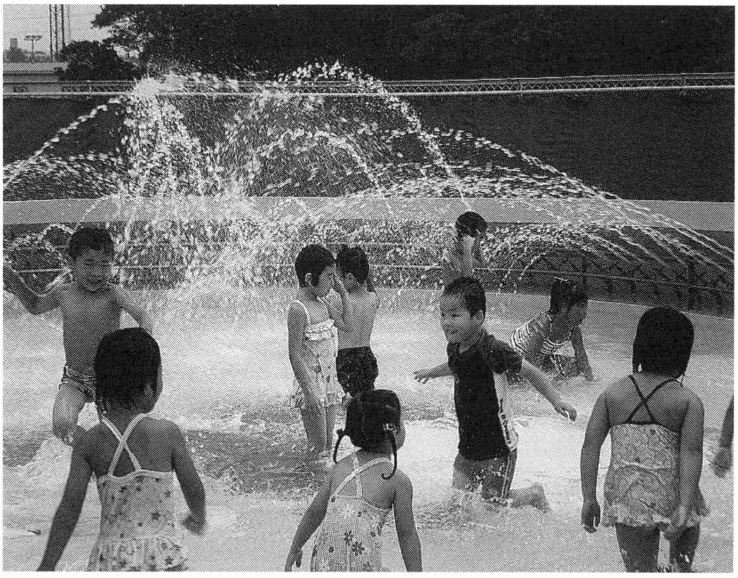

②子育ての『優先順位』

＊『見る』『聞く』『考える』ことが〜好きな子ども！

子育ての講演に〜北海道から九州まで全国の〜幼稚園や保育園にでかけて
「子育て話」や「保育者研修」をするのですが…
どこの会場でも〜まず子育ての『**優先順位**』のお話をします

はじめに…私が実際に〜昔あそび（ケン玉やお手玉など）をして見せたり
ヨーロッパの積木（ネフの積木や〜レンガ積木）を使ってあそびます
その〜あそびを**見て**〜あそび方のコツを**聞いて**…
子どもやおとなが「あそび体験」をする中で〜あそび方を**考える**！

保育活動の種類には〜いろいろあります
手あそびやリズムあそび　おえかきや造形あそび・運動あそびなど…
（保育**活動**というのは〜子どもからみれば**あそび**です）
その**あそび**（保育活動）をする中で　一番大切なことは…
何かができる（例えば〜絵が描ける）という〜目に見える結果よりも
絵を描くことが〜**好き！楽しい！**という〜**こころを育てる**ことが大切です

幼児期の子育ての『**優先順位**』は
『**見ること**』『**聞くこと**』『**考えること**』が
（**好き！楽しい！おもしろい！**）という『**こころ**』を育てること！

この〜見る・聞く・考えることが〜「**好き！**」という気持ち（こころ）が
幼児期に〜たっぷり育った子どもは…
小学校や中学校に行って（どんどん出合う〜新しい**分野**や**世界**）に
『**好奇心**』と『**意欲**』を持って〜生きていきます（挑んでいきます！）
『**あそぶことが好き！**』な子どもが…　**友だちが好き！**　**学ぶことが好き！**
そして〜**生きることが好き！**に〜成長していくのだと思います

＊「好奇心」と「意欲」を育てよう！

何かを〜見た時…
　　「うわぁ〜おもしろそう」と思える『**好奇心**』のある子ども…
　　「あっ！それ〜やってみたい」と思う『**意欲**』のある子ども…

この２つの力が〜幼児期にたっぷりと「育っている」子どもは…
　　あそびでも〜学習でも…何でも「**喜び**」に変えてしまえるので
　　試すこと（**生きる**こと）が〜とても**楽しく**なります

新しいモノに出合った時…
　　「今まで〜したことがないから〜やらない…」と思う**こころ**と
　　「やったことがないから〜してみたい！やらせて！」と思う**こころ**
この〜２つの気持ち（生き方）の〜分かれ道が
　　いつごろ…どこで『**性格**』として〜作られていくのでしょうか…

『**脳の発達**』から考えれば…
　　　　脳の配線は…**３歳**ごろまでに〜 70％以上ができあがり…
　　７歳（小学校へ行く頃）には 90％ができてしまうと…言われてます
　　　　（ちなみに〜小学４年の **10 歳**の頃には 97 〜 8％
　　　　あとは…20 歳までに〜ゆっくりと完成に近づいていきます）
『**幼児期の子育て**』が…大切と言われるのは〜ここにあるのですが…
　　　　問題は「何かができる」という（目に見える能力）だけではなく…
　　　　目には見えない（見えにくい）けれど…「**性格**」とか
　　　　「**生き方**」「**考え方**」といった能力も〜育っているのです

そして〜それは…毎日見ている〜おとなの「**生き方**」「**考え方**」が
　　モデルとなって〜大きく「**影響**」しています
子どもが**いのち**を『**育てている時間**』の側に〜生きる私たち（おとな）が
　　『**好奇心**』と『**意欲**』のある**暮らし**をすることが〜なにより大切です

＊『知る』こと…『わかる』こと…　そして『できる』こと！

「知ってる」こと…と「わかってる」こと…と
　「できる」ことは…　少しずつちがいます
昨日…買ってきた絵本を～読もうとすると…
　「それ～知ってる！」「持ってる～！」
　　「そう～どんなお話？」「知らな～い…」
新品のケン玉を出すと…「あっ！それ知ってる」
　「そう…じゃ～やってみる？」「う～ん…できない」

「知ってる」ことを…　具体的に～活動（実践）して
　失敗などを～くり返す中で…　考えたり～工夫する力が育つ！
　　「知ってる～知識」を…『知恵』に変えることが『あそび』です

例えば「紙ヒコーキ」　色がみや広告の紙などで～折り方を知らせる
　「知る」ことで～紙ヒコーキは作れる
　　　けれど…飛ばしてみると～ひとつひとつ飛び方がちがいます
まっすぐ～飛ぶのもあれば…　曲がって～飛ぶのもあり
　　長～く飛ぶのもあれば…　すぐ落っこちるのもある
そこで「考える力」（工夫＝知恵）の登場！
　　折り方や～羽根のそらし方～左右のバランス
　　　　投げ方～飛ばし方（持ち方や～力の入れ具合など…）
それらを…何十回と～いろいろ試した子どもは
　　紙ヒコーキの…作り方を「知る」から～紙ヒコーキの飛ばし方を
　　「わかる」子どもに～レベルアップ！していきます

そして…スタートラインをひき
　　誰が一番～遠くまで飛ばせるか（より遠く＝飛距離）
　　誰が一番～長く飛ばせるか（より長く＝滞空時間）という
　　　「あそび」が～始まります

さらに…**考える力**（＝**あそびの知恵**）を使えば
　　まだまだ「あそび」は〜**発展**していきます

紙ヒコーキが…曲がって飛ぶのを〜逆に利用して
　　ブーメランのように〜ぐるっと一周して
　　　　自分の手元に〜戻ってくる「あそび」を発見した子ども…
ゴルフのように…部屋のまん中に〜大きな箱を置いて
　　そこに入れる「あそび」見つけ〜**自分ひとり**の「あそび」から
　　　　クラスみんなの「あそび」に変える子ども…

「**知った**」ことを〜工夫して（試行錯誤）
　　「**わかる**」ことに〜変え（理解・納得）
　　　　「**できる**」ことに〜**進化・発展**させる…これが『あそび』です

自分ひとりの「あそび」（＝楽しみ）を
　　みんなの「あそび」（＝楽しみ・喜び）に
　　　　変えていく能力が〜子どもにはあります
「**モノ**や**道具**」にあそんでもらう…のではなく
　　自分たちで「あそび」を…作る〜変える〜生み出す
　　　　「**あそばれる**」…から『**あそびこむ**』に変えるのが『**知恵**』です

『**時間**』『**空間**』『**人間**』
　　「楽しいあそび」には…**くり返し**あそべる『**材料**』と…
　　　　思いきり（ゆったり〜たっぷり）あそべる「**時間**」と「**空間**」と
　　　　　　いっしょに〜あそべる仲間「**人間**」（**仲間**）が必要です

この「**3つ**」**の間**…の『**すきま**』で子どもたちは…
　　失敗を**くり返す**たびに〜考えたり〜〜〜観察したり〜協力して…
問題を『**乗り越えていく力**』と『**あきらめない力**』を育て
　　こころと〜**からだ**を…**仲間**と「**いっしょ**」に〜成長させていきます

＊『体力』『知力』… そして『気力』の時代へ…

今の〜子どもたちは「**体力**」も「**知力**」も
　　昔の子どもに比べて〜ずいぶんと育って…？います
まずは「**体力**」
　　　今〜子育てをしている（パパやママ）を〜育てた親（祖父母）が
　　　　　子どもの頃は…　戦後〜食べ物が貧しかった時代に育った…
その祖父母が…子ども（今のパパやママ）を育てる時
　　　食べ物だけは…苦労させたくないと〜贅沢に育てた…
食事だけではなく…スイミングやスポーツクラブなど
　　　習い事も多く〜そして「体」だけは…ずいぶん大きくなった

次に「**知力**」
　　　これもまた〜戦後（いくら本人が行きたくても）
　　　　　学校や〜勉強どころでは〜なかった時代から…
子どもの意思より〜**親**が子どもに**お願い**（希望）して…
　　　大学まで〜行ってもらう時代に変わり
　　　　　塾や習い事は〜巷にあふれ…　知識は〜豊かになった…はず？
そして…体はぐんぐん大きく育ち〜習い事などの…
　　　ある種の〜**特別**な「**知識**」や「**能力**」は〜身についた子どもたち

そして…元気に健やかに〜明るい「**学校生活**」や「**社会人**」に…
　　　と思ったら…　「**気力**」が育っていなかったため…
　　　　　ちょっとしたイヤなことや〜トラブルがあると
　　　　　　逃げる！　人のせいにする！　駄々をこねる…

トラブルを「**乗り越える力**」が育たず〜様々な**問題**が発生…
　　　自分の**思い通りにならない**〜**人間関係**に疲れはて…不登校やひきこもり
　　　学校を出てからも…フリーター・ニート等モラトリアム人間が増える

結婚して〜子どもを生んでも…自分の子どもが「思い通り」にならないと
　　育児ノイローゼに〜育児放棄〜幼児虐待など…

誰の目にも見える「**体**」は育ち…「**頭**」は育ったが…
　　困ったことや〜トラブルを**乗り越える**『**気力**』が〜育っていなかった

元もと…家庭の中を『**子どものお城**』のようなものと…考えてみれば
　　言いたい放題〜やりたい放題で育ってきた…王子様やお姫様たちです
　　家の中では「**通用**」したことが〜家の外（お城の外）では通用しない

一歩外へ出たら…　王子様やお姫様が大集合の〜幼稚園や保育園…
　　そして〜学校という**社会**では…実にいろんな（性格の）人がいる
　　　自分の「思い通りにならない」ことだらけの〜毎日が続きます…

そう〜考えた時…　幼児期の「**子育て**」で大切なのは…
　　特に「**家庭教育**」の中で〜子どもたちに**育てたい力**は…
「**思い通りにならない**」ことに〜出合った時の…**対応のしかた**
　　それは〜親が**問題**を「取り除いたり」「解決する」ことじゃなく…
　　　子ども自身が…『**乗り越える力**』を育てていくことです

『自分の頭』で考えて〜『自分の脚』で歩いてゆく力…

それは〜決して…ムツカシイことや〜特別なことではなくて…
　　『**家庭の中**』で…家族が**協力**して生きる〜**暮らし**の中にあるのです

家庭での（**家事**など）**生活**の中で〜衣食住の「**生きる知恵**」や
　　「**人のこころのあたたかさ**」を**体験**することや〜**話**をすること…
困ったことを…**相談**したり〜**工夫**したり〜**協力**することを
　　家族の中で〜経験して「**人を信じる**」ことや「**生きる喜び**」を
　　　幼いこころの中に〜たっぷりと『**しあわせ貯金**』することです

③子どものこころに届く言葉

＊『おはよう』と『ありがとう』（あいさつと感謝）

子どもの頃に…よく先生に言われました
　　「**あいさつ**と**感謝**が〜しっかりとできる人間に！」それさえ〜できれば
　　　　「将来〜どんな**社会**に出て行っても〜生きていける」とも…

『**コミュニケーション力**』が大切と〜よく言われます
　　　　人に**好かれ**〜**信頼**されるには…
　　　　　　笑顔で「**あいさつ**」ができ…「**ありがとう**」が〜素直に言えること

♪**大きく**〜いきを　すいこんで　**大きな**〜声で　おはよう
　　　おひさま〜ニコニコ　笑ってる　今日の〜はじまり　おはよう
　　　おはよう　おはよう　だれとでも　おはよう
　　　おはよう　おはよう　友だちになろう（おはようさん♪）
（♪子どものうた（オリジナルソング集）♪『**おはようのうた**』楽譜 P113 参照）

「**おはよう**」と「**ありがとう**」が…笑顔で言える〜**親子**はステキです！
　　　子どもに「**言わせる**」のではなく…　親の**生活の中**に
　　　　　「**あいさつ**」と「**感謝**」の**言葉**が〜どれだけあるか…の問題です
「おはよう」や「ありがとう」を言いなさい！と
　　　　強要された子どもは…　親や先生が〜いない時には言いません
「**あいさつ**」や「**感謝**」は　親や先生が〜**言葉で教える**より
　　　　子どもは〜**おとなの姿**（**行動**）を見て〜育ちます（覚えます）

まず**夫婦**の間で「おはよう」や〜**家族**の中で「ありがとう」の
　　　言葉のある「**生活**」を〜心がけてみましょう
ご近所の方や〜友だちにも…略さないで「**言葉**」にしてみましょう
　　　毎日の**積み重ね**を…　子どもは**見て**います（**マネ**します…）

子どもに…1日3回「ありがとう」を言おう！

子どもに「**ありがとう**」（感謝の言葉）を言うためには…
　　　子どもの行動を…「よく～見ていない」と～なかなか出てきません
ふだんの暮らしの中では～
　　　どうしても…**困った**ことや～**悪い**ことに…眼がむきます

子どもから言うと…　100点満点で～80点がんばっても…
　　　お母さんは口を開くと…　あとの20点ばかりを怒る…
できたこと（がんばったこと）は～見てもらえない（認めてもらえない）
　　　これでは～反抗したり～やる気がなくなるのは～あたりまえ…

子どもの～良いところを見つける～**眼**を持とう！
　　「**良いところ探し！**」のメガネをかけて…
　　　　　　子どもの「**良いところ！見つけ**」の**ノート**を～作ってみよう
　　　子どもが眠ったあと～可愛い寝顔を見ながら…
　　　　　　その日あった～子どもの**良い行動**や**努力**したことを書いてみよう
　　（将来～子どもが結婚する時に～そのノートをプレゼントしよう
　　　　　自分が幼い日～親はこんなふうに～自分を見てくれていた…）
　　　認められる喜びを知ってる人は～**人を認める**人生を歩みます

家庭の中から…努力をしたら『**認められる喜び**』を～経験をする
　　　そして**笑顔**で…「**あいさつ**」と「**感謝**」のある生活をする…
子育ては～むつかしい勉強をしなくても…　誰でもできる～小さなことの
　　　積み重ねで～楽しい「**親子関係**」（人間関係）が作れるのです
朝のおはよう～夜のおやすみ　いってらっしゃい～おかえり…
　　　なんでも～始まりと終わりに「**笑顔**」があれば嬉しいし…
　　　　　元気がでたり～**こころ**が「**ほっ**」と**回復**します
親が好き！　**家族**が好き！　**友だち**が好き…
　　　人間が好き！ になる子育ては…『**生きることが好き！**』につながります

＊『聞く力』を育てる！（聴く力〜聞き取る力を育てる）

言葉は「子どものこころ」を育てます　《ほほえみと受容》

それが〜親や家族であれ〜先生であれ…
　　　どんな言葉でも…受け取ってくれるものでは〜ありません
例えば「**指示**」や「**命令**」の言葉「○○しなさい！」「早くしなさい！」と
　　言葉を投げつけられては…受け取る気持ちは〜失せてしまいます
　　　　悪くすると…言葉を『**聞き流す癖**』まで〜ついてしまいます

では「どんな人」の「どんな言葉」が
　　　子どものこころに「**届く言葉**」や「**育てる言葉**」になるのでしょう…
まず「**好きな人**」の〜言葉であること！
　　「**好き！**」とは…　**尊敬**できる人〜**魅力**がある人の…言葉です

あと「**信頼**できる人」や「自分のことを**理解**（**認めて**）くれる人」の
　　　言葉なら〜喜んで聴いてくれます
そして〜投げつける言葉は…　逃げたり〜かわしたりしますが
　　　『**手渡しで〜届ける言葉**』は…受け取ってくれます

ですから〜子どもが…何か〜まちがったことをした時（注意するなら）
　　　「怒る」でも…「叱る」でもなく…
まちがった「行動内容」や「今後〜すること」を
　　　「**知らせる**」「**伝える**」という気持ちで…
　　　　　言葉を〜届けると「**子どものこころ**」は動きます
カチンカチンのこころに〜どんな言葉をあびせても…**こころ**は動きません
　　　言葉が届いて…**こころ**が動き出した〜子どもたちの眼は
　　　　どの子も〜キラキラと輝いています
さて〜そこで…誰でもできる
　　　子どもに『**言葉を手渡し**』できる〜方法があります
　　　　　それは『**抱っこ**』と『**絵本**』を読んであげる時の…**言葉（声）**です

まず『**抱っこ**』していると…子どもとの**距離**は～当然**近い**です
　　　子どもの～息づかいまで聞こえる
　　　　　近くの距離で～**大声**で話す人はいないでしょう…
声には…「**近くの声**」と「**遠くの声**」があります
　　　遠くの人を呼ぶ時には…「**大きな声**」が必要ですが
　　　近くにいる人には…「**語る声**」でいいのです

同じく…家の中や～電車の中など「**屋根や天井**」がある所では…
　　　大きな声を出さない！…「**語る声**」を**意識**しましょう
そうやって～育った子どもは「**人の話を～聞くこと**」が
　　　「**好き！**」な～子どもに育っていく（言葉を投げつけない～会話）

時々～買い物中に…目の前にいる～子どもに大声で
　　　「**怒鳴って**」いる～親を見かけますが…（子どもの方も大声…）
　　　　　あれは『**こころの距離**』が離れている～悲しい親子だと思います
同じく…学校の先生にも「こころの距離」があることを
　　　自ら証明しているような「**大声**」の～悲しい教師も見かけます

次に～**絵本**を読んであげる時…　あの声も「**語る声**」です
　　　毎日～眠る前に「絵本を読んでもらう」ことは…「**語る声**」を聞き
　　　　　人の話を～**聞く**ことの「**心地よさ**」を～毎日**積み重ね**ます
そのことが～子どもたちの**こころ**に
　　　人の「**話**」や「**言葉**」を聞く～**喜び**や**楽しみ**を～育てることになり
　　　その子の将来にとって～大切な力になっていくことでしょう

『語るように～話しかけること！』
　　　「**抱っこ**」をして～話をする時のように…
　　　「**絵本**」を～読んであげる時のように…
これからの～幼児教育の中で…このことが～どれだけできるのかが
　　　様々な～子どもたちの**問題**の「**解決のカギ**」では～ないでしょうか…

＊『**言葉**』は〜おもしろい！（言葉の魅力〜魔力）

『**言葉**』という葉っぱ！
　　「**言葉**」と「**文字**」は　似ているようで〜ちがうんですね…
　　　　どうちがうかというと…　例えば〜絵本に出てくる「字」を
　　　　　　自分で読むと…「**文字**」として**見ます**が
　　　　　　　　誰かに…読んでもらうと「**言葉**」として**聞こえ**ます
「絵本」や「文字」を…見る〜覚えるという
　　　　「**教科書**」にしてしまうと〜おもしろくないですが…
　　　　　　「**言葉**」を聞いて…　味わったり〜楽しんだりすると
　　「目」ではなく『**こころで読む**』体験になって
　　　　「**想像の世界**」が…グ〜ンと大きく！深く！ひろがります

　　言葉というのは「**葉っぱが〜言う**」と書きます
　　　　葉っぱが「何を言う？」のかと〜たずねると
　　　　　　「**季節**ごとに〜**色を変えるよ**」と言います
　　　　春は…　新緑〜若葉のみどり
　　　　夏は…　厚くツヤツヤ〜濃いみどり
　　　　秋は…　紅葉（赤や黄〜オレンジ色）に染まり…
　　　　冬は…　茶色に変わり〜落ち葉になる…
「ぼくは〜どんどん色を変えるよ…でも（桜の葉っぱ）は
　　　　どんなに色が変わっても…（桜の葉っぱ）なんだ」
　　本当は〜同じひとつのモノでも…それを見る人によって
　　　　ちがう色に見えたり〜また見えなかったりもする
言葉や**文字**というのは…
　　それを「**見る人**」「**聞く人**」「**読む人**」によって…**変わり**ます
おとなが…　**知っている**世界（目に見える）「**文字**」の世界と
子どもが…　**感じている**〜無限にひろがる「**言葉**」の世界
　　どちらが〜どちらに**学ぶ**のか…
　　　　答えはカンタン…　**楽しい！おもしろい！**方が…いいですよね！

「好き」「嬉しい」「安らぐ」

女偏（おんなヘン）の付く字を～少し紹介…

女偏に**良**いと書いて…**娘**　　女の隣に**家**がくっついて…**嫁**

女の何か（魅力？）が**少**なくなると…**妙**　　女が**古**くなって…**姑**

女のあちこちに**波**（皺）が出て…**婆**

う～ん…なんとなく～イヤな感じ（漢字）が…多いのですが

女偏に～いい感じ（漢字）もあります

女が～**子**どもと寄り添って…**好き**　　女が～喜んで…**嬉しい**

そして…　家（ウ冠）に～女と書いて…**安らぐ**

そうですよね…家は（安心・安全）**心安らぐ**場所（だったはず…）

一日の終りに（子どもでいうならば…夕方～日が暮れて…）

暗くなって…お腹がすいて～心細くなった時…　お家に帰ると

家に母がいて…温かい**ごはん**と～暖かく明るい**部屋**（家）がある

そして…あたたかい**笑顔**に包まれて～こころが安らぐ**時間**

そう～家庭は『**こころが安らぐ**』場所だった

「ただいま～」と言えば**「おかえり～」**があった…

青少年の～理解し難い「**犯罪**」が年々～増加しています

彼らは「**加害者**」なんだろうか…？

それとも「**被害者**」なんだろうか…？

彼ら（青少年）が…もう少し幼い～子どもの頃

外の世界（学校や社会）から～**疲れて**帰ってきた時…

「ただいま～」の声に…「おかえり」があったのだろうか…？

夕食を食べる時「いただきます」と言った時～「おあがり」の声は…？

誰もいない～**孤独な食卓**では…体は大きくなれても～**こころは回復**しない

「**家**」でも…「**家族**」でもなく…『**家庭**』の大切さ！

家も～家族もあるけれど…　『家庭』がない…子どもたち

『家庭』は…家族みんなで～創るもの！　育てるもの！

女だけでなく…　子どもをとりまく「おとな」みんなで

『**安らげる家庭**』（こころを回復する場）を創らなければ

今の～訳のわからない「犯罪」は～無くならないのでは…

④子育ては〜未来の親育て！（家庭教育力）

＊家事をいっしょに！（あなたは〜大切な家族の一員）

『**家族**』は…「**協力**」して暮らす！　その**楽しさ**や**喜び**を
　　　子どもの頃から〜家の中で「**体験**」して育った子どもは…
「学校」や「社会」に出てからも〜『**集団**』の中で
　　　協力することや〜自分の**役割**を〜考えられる人間に育ちます

【子育ては…　家事（家の仕事）を
　　　　子どもと〜いっしょにすること！見せること！】

子どもを「お客さま扱い」しないで〜『**家族の大切な一員**』として
　　　いっしょに「**家事**」を**分担**して〜**働いて**もらいましょう
　　　　　（もちろん〜男の子だって〜家事は大切！）

『**衣・食・住**』に分けて〜各家庭の**ルール**を作る
　　　（**幼児**にも…できることは〜たくさんあります
　　　　　できないことは…**見せる**だけでも〜**経験**のひとつです）

例えば…『**衣**』なら
　　　夕方〜**洗濯**を取り入れるところから〜**子どもの仕事**が始まる
　　　　　（もちろん年齢により「できること」からでいい…）
　　　部屋の中に〜洗濯物の山ができたら…　ここからが〜子どもの出番！
　　　大きな**カゴ**を「家族の人数分」だけ用意して〜
　　　　そこに…子どもが「**洗濯物**」を**分けて入れる**
　　　　　（これぼくの…これはお母さん…これお父さんの…）

分け終えたら〜子ども（自分）の**カゴ**を持って〜**タンス**まで運ぶ
　　　タンスの**引き出し**の中を〜色別にした「空き箱」などで〜**区切**っておく
　　　　（パンツは青・シャツは赤・靴下は黄色など〜子どもがわかるように…）

自分で入れた服は…お風呂あがりや〜汚れた時も…
　　自分で出して〜**着替える**ことができる
はじめの頃〜タンスに突っ込むだけだったのが…そのうち
　　親のたたみ方に〜興味が出て…見よう見まねで〜たたみ始める

この他にも…『**食**』なら
食事前になったら〜家族みんなの「**お箸を並べる**」のが…子どもの仕事！
　　「○○ちゃん〜あと５分でごはんよ〜みんなのお箸並べてくれる？」
大切なのは「自分が〜**人の役**に立っている」実感があること…
　　「○○ちゃんが〜お箸並べてくれたおかげで
　　　みんなが…ごはん食べられるね〜ありがとう」と言う〜親の言葉に
　　「お母さん…明日からもっと〜他にすることなぁい？」と子ども
『**感謝の言葉**』が〜次の**やる気**を育てます
　　人に認められることは嬉しく〜子どもも（おとなも）**やる気**を出します

『**住**』（すまい）なら…
　　＊外から帰ったら「靴を〜**靴箱**に入れる」
　　＊トイレの〜**スリッパ**を揃える
　　＊使ってない〜部屋の**電気を消して**回る
　　＊お風呂のお湯はり…　考えれば〜いろいろありそうです…
それを**紙**に書き出して…子どもにもわかるように『**家族の仕事表**』を作る

こんなふうに…　家庭（親）にしか〜できない教育を
　　『**家庭教育力**』と言います
「人間として」大切な…「**人の役に立つ喜び**」や「**感謝される喜び**」を
　　家庭の中の**仕事**を…家族**みんな**で〜**分け合って**することが
　　　学校や社会に出てから〜役立つだけではなく…
　　　その子が…将来結婚して〜子どもができ「**新しい家庭**」を築く時…
　　　　どれだけ〜役に立つか…想像してみましょう
『**子育ては〜未来の親育て！**』に〜つながるのです！

＊日が暮れたら～お家に帰ろう！

子どもの頃に「**日が暮れたね～早くお家に帰ろう**」と育った子どもは…
　　　日暮れの**心細さ**と～お家の**あたたかさ**を…知って（**感じて**）育ちます
将来～おとなになっても…やっぱり家庭が好きで～仕事の帰りは…
　　　まっすぐ…家に帰る（家庭も子育ても～大切にする…かも）

同じく～子どもの頃「おなかがすいた…」と言えば
　　「早くお家に帰って～ごはんを食べようね…」
そういう～家庭に育った子どもは…おとなになった時
　　　家族（家庭）で～**食事をする時間**（空間）を
　　　　なにより～大切にする（そんな人間に育つ…かも）

昔の子どもは…日が暮れたら～あたりは真っ暗！
　　　お金もなければ～コンビニもない…
自然と～そうなる暮らしの中で
　　　家族の**食事タイム**や～家庭の**あたたかさ**を…
　　　　子ども時代に～覚えて（体験して）育ちました

いつの頃から…　塾や～夜まで開いてるコンビニに
　　　家族団らんの…「**あたたかい～食事タイム**」は奪われ
その子どもたちが…　おとなになり～家庭を持った時
　　　食事タイムに…　父は帰らず～母はパート
　　　　子どもは～塾！　そして～家族はバラバラに…分断される
でも～だって…　みんなそうじゃない！と…開き直ってみるけれど
　　　その陰で…　今日も～家族団らんの**食卓**（食事タイム）を
　　　　待ってる人や～求めている…子どもがいる！若者や～老人がいる！
　　　（もちろん…　反抗期や～独身時代…　時間を気にせず
　　　　あそびたい盛りの時は～誰だってありますが…）

32

大切なのは…そういう**環境**で育った子どもが
　　　おとなになった時…（親になって）**家庭**を持った時…
家族揃って食事をする「**喜び**」や「**楽しさ**」を
　　　知ってる（大切にする）人間に…**育つ**かどうかの問題

子育ては～未来の親育て！…につながります

同居人家族（家庭）が「あたりまえ」になったら
　　　『**しあわせ**』を感じるのが…（**こころ**）ではなく
　　　　　「**モノ**」が～中心になってしまいます
　　　　　　　（あげく…カツアゲ・援助交際・横領～お金がすべて…）
園が終わったら…**親子いっしょに～夕ご飯の買い物**を
　　　ゆったり流れる～時間の中で…　相談しながら～ゆっくり選び…
親子でいっしょに…食事をつくり～会話を楽しむ
　　　「**つくる楽しさ！**」と「**食べてもらう喜び！**」を
　　　　　経験して育つ子ども…と　知らない子ども…

テレビを見るより…「**お母さんと話をすること**」の方が～**楽しい！**
　　　そういう「**こころが充電**」することを～知っている子・体験した子どもが…
　　　将来～親になった時「**どんな子育て**」をするかは…**想像**ができます

子どもが…親になった時の「**子どもの育て方**」（愛し方）は…
　　　自分の～**子ども時代**の体験（**育てられ方**）で変わります

もちろん…毎日は～無理だとしても…
　　　１週間に…１回でも２回でも（月に数回でも…）
親子で～ゆっくり食事の買い物をし～**いっしょに作りながら会話**する
　　　そういう～経験のある子どもと…　経験のない子ども…
将来～家庭をつくった時…それが大きな差になって～表れてくるのでは…
　　　『**しあわせの優先順位**』は…**子ども時代**に作られます

＊オヤジの子育て！

『いまこそ出番です　お父さん』

　1987年の『げんき』№1のテーマ（特集）が
　　　「いまこそ出番です　お父さん」でした
　『げんき』は…バックナンバーを見ても（読んでも）
　　　今の時代にも通用し…今なお新鮮です！

「**社会の眼**」より「**個人の都合**」が優先する〜
　　　　子どもたちの「**価値観**」を育ててしまった21世紀…
　　　　　　お父さん！　ホントに〜今こそ　出番ですよ！
「**家庭**」では通用しても…「**社会**」では通用しないことを
　　　教えるのが「**父親の仕事**」（**社会の眼**）でした
「**友だちのような親**」が〜増えている世の中です
　　　　子どもに「**嫌われたくない**」とか〜親としての「**自信のなさ**」が
　　　　　「**友だちのような**」〜浅い「**親子関係**」を作ってきました
しかし…　子どもにとって「友だちの代わり」はいても
　　　　「**親の代わり**」は〜いないのです
嫌われたくないからと「キビシイこと」や「本当のこと」を言わない
　　　親を…子どもはホントに〜求めているのでしょうか？

また「人に**迷惑**をかけないように」と言うだけでは…
　　　「迷惑をかけなければ〜何をやってもいい」とか
　　　「えっ？　これって迷惑なの？」と
電車の入り口に…座りこんだり〜化粧をしたり
　　　『**想像力**』が働かない…子どもには伝わりません

『**人に〜不快感を与えないこと！**』を教えるのが
　　　『**想像力**』であり『**社会の眼**』です…
　そして〜それを教える「お父さん〜出番ですよ！」

子どもを（可愛がる）ことと（甘やかす）ことは…まったく別！

このことを～まちがうと「**自由**」ではなく…
　　「**わがまま**」な子どもを～育ててしまいます
子どもは…　いずれ親元を～離れて（巣立って）
　　生きていく日がきます（親の方が先に～いなくなります）
私たち親は…「どんなに～子どもを**想って**いても…」
　　いつまでも～子どもについていってやることは～できないのです
子どもが…社会に出て（親から離れて）生きていく日に～困らないように
　　社会のルール（家のルールではない！）
　　　　『**社会性**』を～身につけさせることが
　　　　　　親としての…大きな大切な～仕事のひとつです

子どもが…　**困ったこと**や～**まちがったこと**をしていれば…
　　＊**人間として**…**何が**～いけないのか
　　＊**どこ**が～まちがっているのかを…
具体的に～子どもに知らせ（怒るのではなく～**伝える**）
　　＊**今後**～どうすればいいのかを…
親としての～愛情を持って（時には…厳しくても～勇気を持って）
　　教えて（伝えて）あげてほしいと～願います

オヤジ（親父）の子育て（具体的にできるあそびの紹介を…）
　　ゲームをする（テレビゲームではなく～トランプや将棋など…）
　　　　＊**ルール**や**順番**を守る（社会にでれば～ルールや**秩序**がある）
　　　　＊**考える**（勝つため・強くなるため・成長するために～**工夫**する）
　　　　＊**勝ち負け**がある（負けた時の～こころの**コントロール**・**我慢**する経験）
　　体を使ってあそぶ（汗をかく喜び・自然の中で～おもいきりあそぶ）
　　三角ベースなど（臨機応変に～ルールを自分たちで作る・あるものを使う）
　　いのちに出合う（木も花も～虫も鳥・魚も～生きているいのちがある）
　　（自分が子どもの頃～オヤジにしてほしかったことは…と考えてみる！）

⑤アンダー10の子育て！（今から～ここから～はじめよう！）

まとめ
　　アンダー10の子育て！（10歳までに～家庭でできること）

＊ステップ①（まずは～食事時から…）
　　【家庭の中での…ルールを作る～それをみんなで守る＝社会性】

☆いただきます
　　いっしょに～いただきます・待つ・自分中心にならない
　　感謝するこころ（つくってくれた人に…いのちに…）

☆ひじをつかない
　　家の中のルールを作る　⇒　守る
　　社会の中のルールを守る　⇒　意識する～神経を育てる

☆テレビを消す
　　家族の会話を楽しむ（今日あったことを～お互い話す時間）
　　聞く力・話す力（人の話を聴く力～自分の思ったことを話す力）

♪静かに～眼を…とじてみよう
　　なぁにが～聞こえる　見えるかな
　みどりの～はっぱと　あおいそら
　おひさま～いつも　笑っているから…

　静かに～眼を…とじてみよう
　　なぁにが～聞こえる　見えるかな
　絵本を～読んだり　歌ったり
　優しい～時間が　流れているから…♪
（♪子どものうた（オリジナルソング集）♪『静かに眼を…』楽譜 P121 参照）

＊ステップ②（一日の暮らしの中で…）
　　　【情緒の安定…こころが落ち着いて～人の話が聞ける子どもに…】

☆**早寝早起き！**　《夜**8時**に～寝て　朝は**6時**に～起きる！》
　　幼児期の子どもは…　**10時間**は～**睡眠時間**が必要です
　　　　学校に行って…朝**9時**の授業に～**脳**がフル回転するには
　　　　朝起きてから…**2～3時間**はかかります
　　朝6時すぎには～起きる**習慣**をつけましょう
　　　　そのためには…前日の夜**8時**には～眠る生活（習慣）を
　　　　幼児期から～続けていくことが大切です

☆**テレビのつき合い方！**　《食事中と～眠る前は…テレビを消す！》
　　食事中に～テレビを消して「**家族いっしょ**」に食事をすれば…
　　　　家族の会話が生まれ～その日あったことを話す中で
　　　　こころのストレスが減ってゆく（会話の楽しみ）
　　眠る前にテレビを見ていると…　ブラウン管から
　　　　光の刺激が…目（網膜）から入って～**大脳**を刺激し
　　　　眠ろうと～目を閉じても…　**脳が刺激**された状態では
　　　　なかなか眠りにつけない…**熟睡**できない…**寝起き**も悪くなる

☆**眠る前に絵本タイム！**　《夜眠る前に…　絵本を読む～習慣》
　　絵本を見る時間は…テレビを見る～必要もなくなり
　　　　人の話を～**聞くこと**が…「**好き！**」な子どもに育つ
　　眠る前に…**しあわせな時間**を～持つことで
　　　　心おだやかに～眠りにつけ…**こころが回復**（情緒も安定）する
　　絵本を読んだ後～「**もう1回読んで！**」と～子どもが言うのは…
　　　　楽しかった「**絵本の時間**」「**しあわせだった時間**」を～もう1回！
　　明日も**必ず**…眠る前に「**絵本を読む約束**」をして…「**明日の絵本**」を
　　　　枕元において「**また～あした！**」と～眠れる子どもは…
　　　　今日がとっても**しあわせ**で…（こころが安定）して～**熟睡**できる

＊ステップ③ （明日の子育て！5話）
【今日から～家庭でできる…アンダー10の子育て話⑤】
『子育て講演会』5つのテーマ（各90分の子育て話）

《聞く力を育てる！　～**情緒の安定**した子どもに育てよう～》
1　**絵本**　（人の話を聞くことが～好きな子どもに…）
　　＊絵本の楽しみ（こころの中に～しあわせ貯金）
　　＊眠る前に～**良い絵本**を読んであげる（しあわせな時間～**もう1回**）
　　＊絵本と言葉（豊かな言葉～豊かな感情～豊かな人生）

2　**言葉と～テレビのつきあい方**
　　＊あいさつと**感謝**（1日3回～子どもにありがとう）
　　＊**言葉を手渡し**で（投げつけない＝大声・指示命令×）
　　＊**食事時はテレビを消す**（家族の会話）音の問題～聞き流すクセ
　　＊**眠る前は見ない**（ブラウン管の光・眼と脳が疲れる＝熟睡できない）

3　**生活リズム**　（しあわせ貯金と～情緒の安定）
　　＊**先を予測**する暮らし（あと5分～）（今から～）＝**情緒の安定**
　　＊**早起き早寝**（脳の目覚め・メラトニンの問題）
　　＊朝ごはん・朝の**排便**・短い髪の毛…

《考える力を育てる！　～**好奇心**と**意欲**のある子どもに育てよう～》
4　**親子あそび**　（好き！を見つける～自信～あきらめない力）
　　＊**家族でゲーム**　（順番・待つ・ルール～勝ったり負けたり～**社会性**）
　　＊昔あそび（ケン玉…など）やったら（続ける）できる＝**意欲**を育てる！
　　＊積木あそび（ヨーロッパの積木であそぶ・学ぶ）

5　**家事をいっしょに**　（あなたは～大切な家族の一員！）
　　＊子育てに家事を…　親にしか～できないこと（**子育ては未来の親育て**）
　　＊**衣・食・住**から（洗濯・タンス～食事準備・箸・茶碗～風呂・靴）

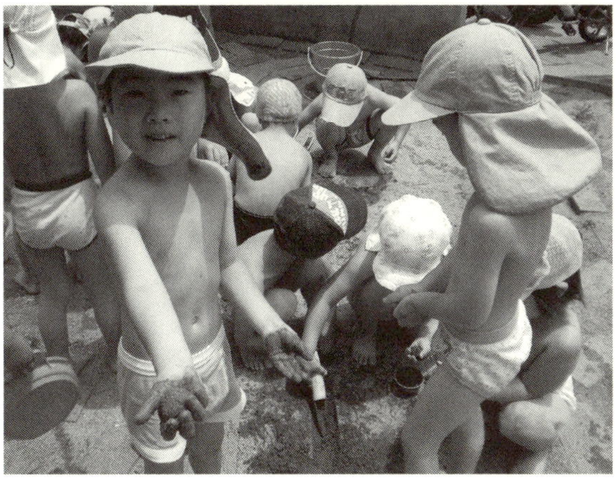

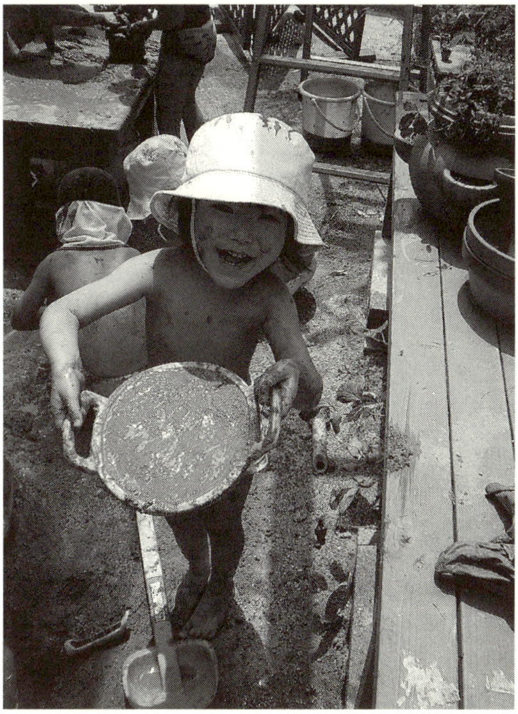

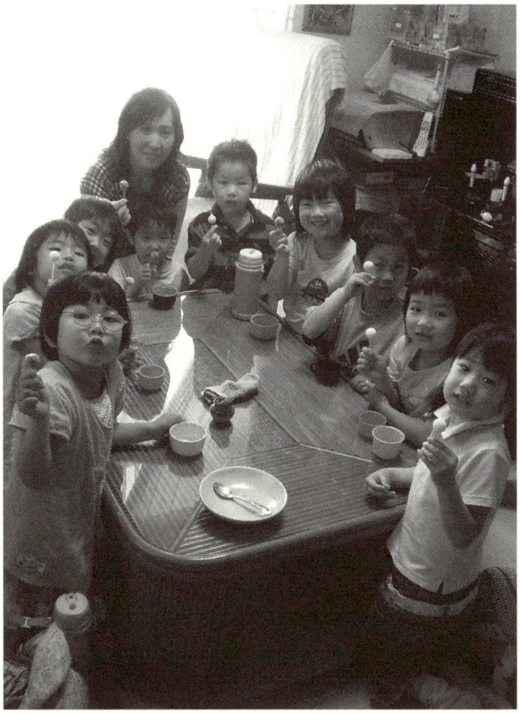

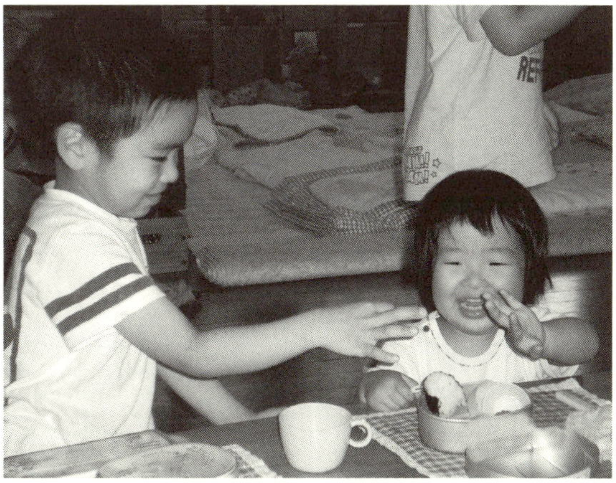

2章

鳥の眼・園の眼・社会の眼
（園で育つもの…）

＊好き！をいっぱい見つける〜あそびの保育
＊友だちといっしょに…あそぶこと〜育つこと

①保育を楽しく！

＊「覚える力」「考える力」「感じる力」

『保育』（教育）は…この**3つの力**を**バランスよく育てる**ことが大切です
　　20歳くらいまでの〜**学生時代**は「**覚える力**」が**優先**され…
　　　　「**考える〜感じる力**」は〜**後回し**にされることが多いようです
　　しかし20歳以降…例えば〜人生80年とすると…あとの60年は
　　　　「**考える〜感じる力**」の方が…「**人間として**」大切になり
　　　　　　人間関係を良くしたり…**しあわせ**に**生きる力**にもなります
「**覚える力**」は…『**知識**』になり…
　　　見たり〜聞いたり…外にあるものを〜自分の中に**記憶**する
　　　　ただし…「覚える世界」には〜**限界**があります
「**考える力**」「**感じる力**」は…『**知恵**』になります
　　　こちらは…自分の（こころの）中から〜湧いてくるもの
　　　　あふれだすものだから〜**無限**かもしれません…

例えば〜ここに「色がみ」があって…
　　　「**覚える力**」を育てる〜あそびなら　赤・青・黄…と1枚ずつ
　　　　　机の上に10枚くらい重ねた後…「**順番**」に何色だったか…言う
もちろん…　1度に10枚だと〜戸惑うので
　　　はじめは…　3〜4枚（子どもの年齢）くらいから始める
好奇心や**意欲**が出てきたら…　1枚ずつ増やす
　　　一週間も続ければ…10枚くらいは〜楽々になる
これを…トランプやキンダーメモリーなどの〜**カード**でやってもいいし…
　　　オリジナルカード（**広告**の野菜や電化製品を〜切り抜いて**貼る**）を
　　　　作ってあそぶと〜家庭でも（園でも）もっと楽しくあそべます
では〜次に「**考える力**」は…どうすれば〜育つのでしょう？
　　　今度は「赤色」の色がみを〜1枚取り出し
　　　　「**赤いものなぁに？**」と〜子どもに聞いてみる

イチゴ・トマト・リンゴ・ポスト・夕日… と続くうち
　　誰かが… 色がみ・クレパス・花・くつ・かばん…
　　見ると〜「**部屋の中**」を見回して… **探して**答えている子どもと
　　　　自分の「**頭の中**」から…**引き出して**考えている子どもがいます
つまり… **眼に見える**モノを〜探す子どもと…
　　目に見えないモノを〜頭の中から…引き出せる子ども
　　　『**知識**』は〜使えて『**知恵**』に変わります

このあそびは…発展していきます
　　レベル１は　（**色**シリーズ）赤いモノ・青いモノ・緑のモノ…
　　　　　　　（**形**シリーズ）三角・四角・丸・大きい・長い…
　　レベル２は　たくさんあるモノ・やわらかいモノ・熱いモノ…
　　　　　　（**考える力**が〜少し深くなってくるモノ）
　　レベル３は　不思議なモノ・怖いモノ・美しいモノ・しあわせなコト…
　　　　　　（ここまでくれば…考える力より〜**感じる力**です）

こういうあそびは（**知識**と**知恵**）を〜**バランス**よく育てます
　　しりとりと似ていて…メンバーが（家族など）決まっていると
　　　　パターンも単純（いつも同じ答え…）になりますが…
　　友だちや〜クラスですると…毎回〜いろんな答えが出てきて
　　　　自分の知らない**世界**（**意見**）に〜**出合える**からおもしろいのです

子どもたちは… この『**知恵**』と『**知識**』を使って
　　『**話す〜聞く**』という…人と〜**コミュニケーション**する力を育てる
　　　（人間関係力）は〜**社会性**につながります
『**コミュニケーション力**』は…
　　子ども側から見れば…『**友だちとあそぶ力**』です
友だちと「**あそぶ**」が…「**学ぶ**」に変わり…「**働く**」に変わっていく…
　　友だちと〜**あそぶ**ことが「**好き！**」な子どもが
　　生きることが「**好き！**」な子どもに〜育っていくんですね

＊『空気』の流れる〜保育室

　　子どもは〜園に「**あそび**」にやってくる…
　　先生は〜園に「**仕事**」（働き）にやってくる…
　　　　この「気持ちのズレ」が〜もし…
　　　　　　先生も〜園に『**子どもとあそび**』にやってくる〜に変わったら…

　　まず…**保育室を**　子どもも〜先生も…「**楽しく**」なっちゃう保育室に！
　　　「**居心地**」が良い空間に！　**変える**ことから〜始めてみませんか…

　　朝…子どもたちが〜保育室に入った瞬間
　　　「今日は〜これをしてあそぶぞ！」と思える**環境**（空間）
　　それは…遊具だけの「環境設定」ではなく
　　　　朝の「**おひさまの光**」も「**先生の笑顔**」も
　　　　　そして〜部屋全体に流れる「**空気**」も〜大切な環境です

　　そこで…こんな出来事を〜想像してみます…
　　　　仕事の関係で「遠くの地方」に…引っ越した！とします
　　　　　職場も〜ご近所も知らない人ばかり…
　　　　　　（きっと〜時間が経ち〜話をしてみると
　　　　　　　案外気さくないい人がいるが…今は気がつかない…）
　　自分が「ほっ！」とできる空間は…　ワンルームのマイホームだけ
　　　その**部屋**に「**何**」を**置き**〜「**何**」を**飾り**ますか…？
　　これが「**環境設定**」ですね…　保育室も〜同じです
　　　何を置き〜何を飾れば…**こころが『ほっ』と安心**するのか？

　　部屋に〜まず求めるものは「**こころが〜安まる空間**」と「**居場所**」です
　　　さて〜安心して暮らせるマイホームができたら…
　　次は「**友だち**」です…
　　　はじめは…ふるさとの友だちが〜あそびに来てくれました

やがて職場に…**友人**ができ〜部屋にあそびに来たり…
　　　　ご近所で…**知り合い**になった人と〜いっしょに**食事**…
　　　　　　こうなると「**生活は楽しく**」なります
　　ひとりの部屋に「誰か」がやってくれば…
　　　　「**空気が流れる**」楽しい部屋に〜変わります

　　保育室も〜同じではないでしょうか…　新入園の子どもたちは…
　　　　ふるさと（家庭）から離れて〜**ひとりで園**にやってくる
　　まずは…こころが「**ほっ**」と〜安心できる「**何か**」を求め…
　　　　こころが〜楽しくなっちゃう「**友だち**」を見つける
　　こころが休まる〜**空間**があり…自分が**安心**できる「**居場所**」がある…
　　　　そんな『**空気が流れる保育室**』を〜作ってみましょう

　　では「**具体的**」に〜どうすればいいのでしょう…
　　　　「保育室とはこういうもの…」「子どもだからこんなもの…」という
　　　　　　「おとな側の発想」ではなく〜「**子どもの眼**」から考えてみる…
　　もしも〜私が**子ども**だったら…　この園（クラス）に転園してきたら…
　　　　派手な色の壁面より…　シンプルで〜落ち着いた壁…
　　　　　　カレンダーや〜優しい色の絵　小さな〜みどりもほしい…
　　　　そんな風に…先生（保育者）自身が〜**愛着**が持てる部屋…
　　　　「自分の部屋」にあって〜「保育室」にないもの…
　　　　　　そのあたりから〜考えてみるのも…ひとつの方法です
　　そういえば…講演会で〜全国のいろんな園に行った時
　　　　園長以外の〜職員の人が「**いらっしゃい**」って
　　　　　　言ってくれる園は〜何故か「**ほっ**」とする**空気**が流れています
　　　　自分の園に〜**愛着**を持てる先生がいる園は…**子どももしあわせ**です
　　保育はもちろん「仕事」なんだけど…
　　　　園に「仕事」に〜やってくる先生と
　　　　園に「あそび」に〜来る子ども…　という関係ではなく
　　子どもといっしょに「**園生活**」**を楽しめる**〜**保育室**を作りましょう

②季節の保育（子どもの生活を中心に… 春～夏～秋～冬）

＊子どもの眼から～『季節の保育』を考える

1年の「**カリキュラム**」を考える時…大きく「**季節**」ごとの**目標**をたてる
* 春（出合いの季節）
* 夏（広がる季節）
* 秋（深まる季節）
* 冬（まとめの季節）

そこから…「月」ごとの～カリキュラムをたてるのですが…
　　4月30日と～5月1日で…いきなり変わるのも～
　　　　考えてみれば～妙な話で（おとなの都合で…）
そこで…**子どもの眼（生活）**から～
　　「**季節の保育**カリキュラム」を考えてみると…

* 『出合いの季節』　　　　4月新学期から～5月GW明けまで
* 『若葉の季節』　　　　　5月GW明けから～6月梅雨入りまで
* 『雨の季節』　　　　　　6月梅雨入りから～7月梅雨明けまで
* 『水とおひさまの季節』　7月梅雨明けから～8月夏休みの終わりまで
* 『みのりの季節』　　　　9月から～10月中頃運動会が終わるまで
* 『芸術の季節』　　　　　10月中頃から～11月末まで
* 『サンタクロースの季節』12月はじめから～12月末まで
* 『お正月あそびの季節』　1月はじめから～2月立春まで
* 『まとめ（卒園）の季節』2月から～卒園（終了）まで

保育の行事も～含めた「**子どもたちの園生活**」から考えると…
　　こんな**分け方**も～あっていいのでは…と思います
私の園では～20年以上前から「**季節の保育**カリキュラム」で
　　子どもたちと「**季節ごとのあそび**」を中心に～園生活を楽しんでいます

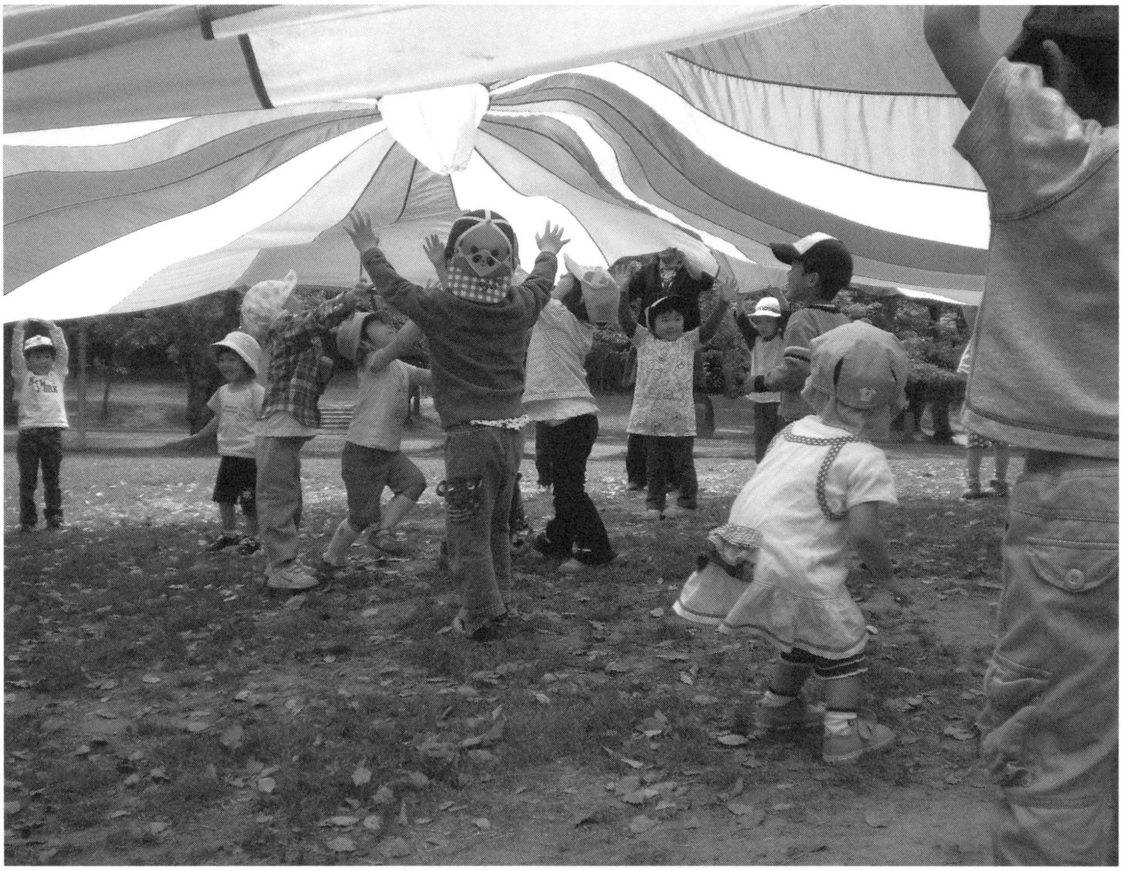

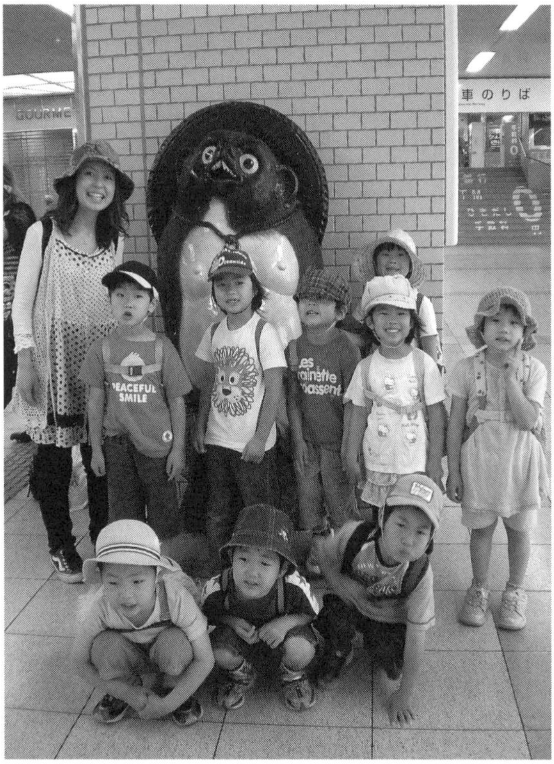

車のりば
PEACEFUL SMILE

『**季節の保育**』を少し〜解説をすると…
　　４月〜新学期からGWまでは『**出合いの季節**』
　　　　まず…新しい**生活**や〜**メンバー**に**慣れる**ことが〜大切な時期です
　　　園に行くことが「**楽しい**」と〜思えることが一番！

　　５月〜GW明けから〜梅雨入りまでを『**若葉の季節**』
　　　　ひと月が過ぎ…新しい環境にも〜少しずつ慣れ
　　　　自分の「**可能性の芽**」を〜どんどん伸ばす時期…

　　そして６月〜７月（梅雨明けまで）を『**雨の季節**』
　　　　新しいクラスに〜慣れたが故に出てくる
　　　わがままや**トラブル**の数々…そして梅雨
　　　　でも…雨の日だからこそ〜楽しめる「あそび」があるように
　　　　この子と**出合ったおかげ**で〜体験できる**エピソード**を**楽しむ**…

『**あきらめない力**』を育てる！
　　　雨が降ったり…風が吹いたり…
　　　　　「**自然現象**」は〜個人の都合では変えられません
　　　雨や**トラブル**は…無い方が楽ですが
　　　　有ることによって〜**人を成長**させてくれる
　　　　　「**チャンスの種**」にもなります

　　子どもの「**問題行動**」も…「自分の**性格**」も
　　　　「**あるがまま**」を〜受け入れるのは
　　　　　ある意味「**勇気**」のいることです
　　けれど『**あるがまま**』の…「**自分**」や…「**相手**」や…「**自然**」を
　　　　受け入れた（認めた）時に〜はじめて
　　　　　地面に足が着いて…その**状況**（状態）から
　　　　　　抜け出す（這い上がる）**チャンス！**が生まれるのです
　　　子どもは『**あるがまま**』を〜受け入れる名人です！

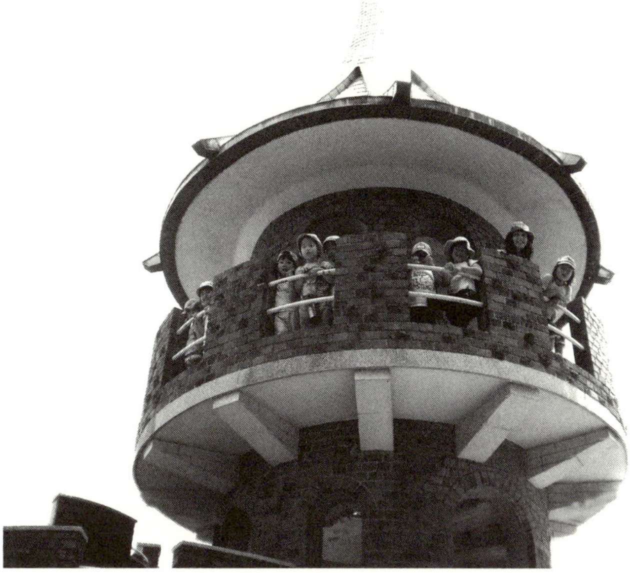

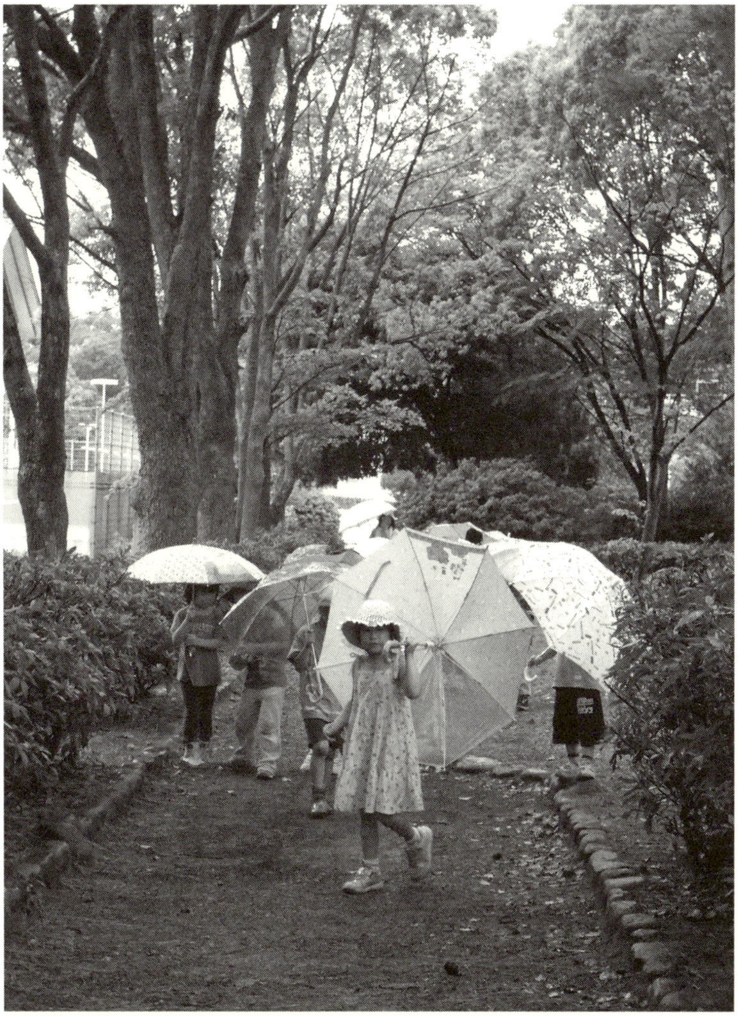

* 『出合いの季節』の話…
　《100回泣いていいんだよ…》

　毎年春4月～どこの園でも見られる…
　　　　「**初めての集団生活**」＝「**お母さんと離れる生活**」に～慣れるまでの
　　　　　朝の～**泣き別れ**の儀式が…今年も始まります
　職員（先生）の方は…「数ヶ月後」の予想がつくのですが
　　　　「**初めて体験する**」親子は～涙・涙の季節です…　でも～大丈夫！

　100回～**ケンカ**をした子は…
　　　　100回～**仲直り**をする「**チャンス**」があるように
　100回～**転んだ**子は…
　　　　100回～**起きあがる**「**練習**」ができます
　100回～**泣いた**子は…
　　　　その数だけ「**泣きやむ**」という～自分の**こころをコントロール**する
　　　　　「**貴重な経験**」をしてるわけで…
　　　　子どもにとって～無駄なものはひとつもなく…「**生活体験**」の中から
　　　　　実に様々なものを～**学ぶ練習**をしているのです
　　　　大切なのは…　その子どもの「**学び**」や「**体験**」を
　　　　　おとなが気づいて～**大きく受けとめる**こと…
　　　　　　「**見守る**」こと…　そして「**信じて～待てる**」こと！

　朝の**別れ**は～つらいものです　おとなから言うと…
　　　　（ここは保育園で…今日からあなたは園児だから～ここで遊ぶのよ！）
　でも～子どもから言うと…
　　　　（今まで～いつもそばにいてくれた**お母さん**が～いきなり**いなくなる！**）
　そりゃ～もう**パニック**になって
　　　　システムやパターンを「**理解**」できるのに～**日数**がかかります
　　　　　（必ず～お迎えに来てくれることが「**理解**」できれば…
　　　　　　子どもは泣かずに…バイバイ！が～できるようになります）

ただ〜個人差があるだけ…　どうか焦らないでください
　　　ところで〜その「**理解**」ですが…
「**知っている**」と〜いうことと
　　「**わかっている**」と〜いうことは…少しちがいます

「**知る**」という（**知識**）を…
　　「**わかる**」という（**知恵**）に変えるには
　　　　「**くり返し〜体験**」する〜時間や経験が必要です

新学期です…　いろんなことがあるでしょう
　　でも〜どうか　焦らないでください…
　　　　他の子どもと…くらべないでください
ひとりひとり〜その子のペースで
　　その子の「**こころが納得**」したら〜次へ行くのです
『**説得**』では〜ダメなんです…
　　こころが『**納得**』しないと〜子どもは前へは進みません

朝は〜さらっぴん（新しい）の　一日のはじまり！

子どもを信じて…ゆったりと〜大きな気持ちで
　　『**こころ**』を〜受け止めてあげてください
　　　　＊『**信じること！**』
　　　　＊『**あせらないで〜待つこと！**』
　　　　＊『**子どもの気持ちを〜笑顔で受けること！**』

新学期は…『**信頼関係**』を育てる時です
　　　子どもと親との〜「信頼関係」　　**子どもと先生**との〜「信頼関係」
　　　　そして…**家庭**と**園**との〜「信頼関係」
信頼関係は…『**笑顔で〜話をする**』ことから始まります
　　ゆっくり〜ゆっくり…　一歩一歩…　前へ〜前へ…

* 『若葉の季節』の話…
　　《5月のみどりを〜探しに行こう！》

　春5月〜新学期の騒々しさも落ち着き…
　　　園生活にも…　少し慣れた子どもたちと〜自然の中へおでかけ
「今日は…**5月のみどり**を〜探しに行こう！」
　　　それぞれに…小さな袋を持って〜さぁ出発！

5月〜若葉のみどり（黄緑に近い）と…
　　　8月〜夏色の葉っぱ（濃い緑）は…同じ葉っぱでも〜色がちがう
『みどり色』といっても〜ひと色ではなく…
　　　「色がみ」のみどり色は〜「自然界」のみどりには…ない
　　　　葉っぱのみどりも〜草や木によって…みんなちがう

そんな『**5月の〜みどり探し**』のおでかけは〜楽しく
　　　子どもの**感性**や**感覚**は〜**みんなちがって**おもしろい！
子どもたちは〜次々と「5月のみどり」を見つけて
　　　たちまち袋は〜あふれんばかりにふくらんでいる…
『**覚える力**』とちがって…『**感じる力**』には〜答えが…たくさんある

ひとりひとりちがう「5月のみどり」が見つかり…
　　　それを〜ひろげて紹介　　春色のパーティが始まる！
自分と〜ちがう『**春**』を**見て・感じて・受け入れて**…
　　　「あ〜そうか…」「そんなのもあるんや…」と
　　　　ひとりより〜**みんなと**『**あそぶ**』楽しさを知る

『**こころ**』が柔らかい〜幼児期に
　　　自分とちがう〜**考え**や**意見**を〜**受け入れる**あそびは…
　　　　その後の〜子どもたちの人生の中で〜**貴重な経験**になる

答えがない…おもしろさ！

「コッコさんの保育園」では…子どもたちと〜おでかけする時
　　　課題をだしてあそぶことが〜よくあるのですが…
『**問題**』には〜２種類あって…
　　　＊『**答えのある〜問題**』と
　　　＊『**答えのない〜問題**』があります

「答えのある〜問題」は…　答えを見つけたら〜終わりですが…
「答えのない〜問題」は…　ひとりひとりの「**考え方**」「**感じ方**」〜
　　　「**想い方**」などで…毎日ちがったり〜人の数だけ答えがあったりします

《人と〜ちがっていい！　人と〜ちがうからおもしろい！》
　　　そんな〜**あそびの世界**を見つけたら
　　　　　生きることは〜**楽しいこと**に変わります

例えば『**野球**』をする時でも…
　　　メンバーや〜グラウンドや道具が…すべて揃い
　　　　　審判がいて〜**ルール**がしっかり**決められた**『野球』と
　　　空き地や砂浜で〜集まった人数でチーム分けして
　　　　　ルールも〜**自分たちで作る**『三角ベース』
　　　もちろん…それぞれの〜良さや楽しみはありますが…
　　　　　今の子どもたちに『**必要な力**』は……　自分たちで
　　　　　　　『**あそび**』や『**ルール**』を〜**作れる力**ではないでしょうか…

『**無い**』から…「できない！」ではなく
　　　『**有るもの**』を使って〜あそぶ楽しさ！
＊**答えのない**『**問題**』を考える時…　人は〜深く**考えるこころ**を育て
＊**答えのない**『**あそび**』は…
　　　知恵と**工夫**する力を育て〜**仲間意識**を深くします

③あそびの保育

＊絵本と手あそび（見る・聞くが…楽しいから～始まる保育）

保育のはじめの一歩…
　　　朝…子どもたちが～次々に登園してくる
いつも～早起きの子ども～寝坊した子ども～朝からケンカした子ども…
　　　子どもの『**体調**』も～**こころ**の『**状態**』もバラバラの～朝の保育室

そこで…「**手あそび**」が始まる
　　　おもしろそう！　楽しそう！と…　子どもたちが集まってくる
バラバラだった～子どもたちの「**こころ**」が…
　　　保育者の「**手あそび**」を…「**見て**」「**聞いて**」「**マネして**」「**考える**」

子どもたちの「**目**」と「**耳**」と「**こころ**」が～ひとつになって
　　　『**話を聞ける状態**』をになったら～今日の保育（教育）が始まる

「**絵本**」も…同じです
　　　絵本の「**絵**」を見て…　保育者の「**読む声**」を聞いて…
　　　　　こころが「**おはなし**」の世界を…みんなでいっしょに「**旅**」して
　　　　　　　最後は…ゆっくり「**現実の世界**」に帰ってくる…

手あそびも～**絵本**も『**保育のはじめの一歩**』です
　　　けれど～その内容は「保育学校」では～あまり重要視されていません
「**絵本**」という授業（科目）は…ほとんどの学校でありませんし
　　　「**手あそび**」も～音楽リズムの中のひとつとして…
　　　　　（種類）や（あそび方）を～覚えるだけです
　　　ですから～保育の現場で…手あそびは
　　　　　場面転換や…**時間つなぎ**の…
　　　　　　　あそびくらいにしか～使われていません

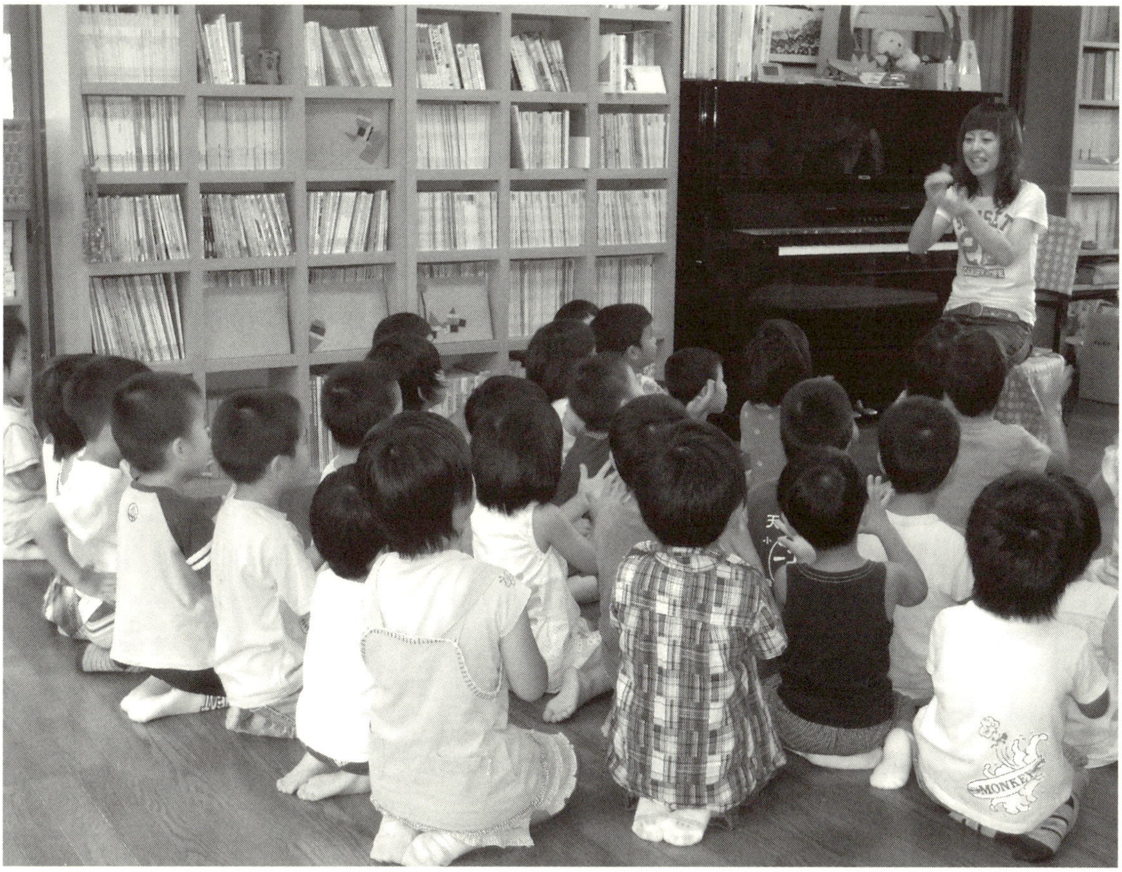

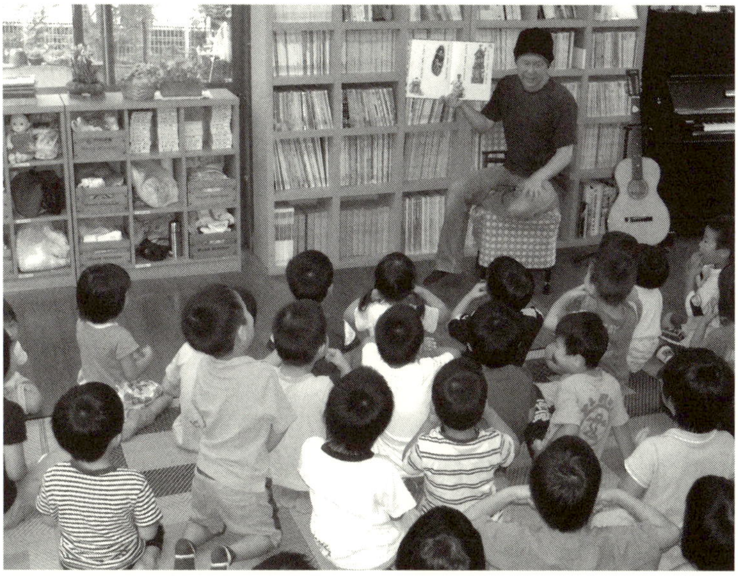

＊保育の中の『手あそび』

＊保育の中での『絵本』 と〜考えるならば

　　1学期〜2学期〜3学期と…「レベルアップ」していく

　　3歳〜4歳〜5歳児と…「保育がつながる」ように体系化する…

そして…ただ「絵本を読む」「手あそびをする」のではなく

　　「絵本」や「手あそび」をする中で…

保育の**根っこ**の力『**見る力**』『**聞く力**』『**考える力**』をどう育てるのか…

そのためにも…**絵本**や**手あそび**をするとき…

　　保育者の「**言葉**」が〜子どもたちの「**こころに届く**」かどうか…

「**言葉の届く**」話し方〜読み方を〜保育学校などで…**学んで**こなくては

　　やたら**大声**の保育者になったり〜**騒がしい**クラスになってしまいます

絵本を**読む声**や〜手あそびをする時の**声**が…

　　ちいさくても〜ゆっくりでも…

　　　　子どもの「**こころに届く**」話し方…

　　このことが「保育のはじめの一歩」ですから〜ここから学びましょう

絵画や〜音楽や〜運動あそびなど〜「目に見える」研修も大事ですが…

　　その根っこの「**話し方**」の研修を〜もっとしてほしいと願います

　　　　『**リズム**』のよい「**話し方**」と…

　　　　『**間**』の取り方のうまい「**話し方**」は…

　　　　　　人の前で〜話をする「**基本**」です

「保育学校」や「研修会」に頼らなくても…いい方法があります

　　「**絵本**」を**くり返し**〜読むことです

　　　　何度も〜何度も〜読んでいくうちに…　無駄（無理）な力が

　　　　　抜けて…　**呼吸**と**言葉**が〜ぴったりと合ってきます

　　「**絵本**」は子どもだけでなく〜おとな（保育者）も育ててくれます！

57

*色がみあそび（色がみ1枚で〜いっぱいあそべる）

みなさん…色がみ1枚を使って…どんな「あそび」を〜作り出せますか？
　　　紙ヒコーキ　紙ケン玉　紙コプター　紙こま…

*   **折り紙あそび**は…親子や家族での〜**伝承あそび**（**覚える**あそび）です
*   **色がみあそび**は…色がみを使って〜どんなあそびができるのか？
　　　考えたり〜**工夫**したり〜**協力**したり…**想像**（創造）のあそびです

折り紙あそびは…誰が一番〜早く折れたか〜きれいに折れたか…ですが
色がみあそびは…作品ができた後から〜あそびが始まります

今から…ある保育園での〜公開保育（初対面の子ども）に
　　　「**色がみあそび**」の保育をした〜様子を紹介します
「今日は…色がみを使ってあそぶよ〜」と子どもたちに〜色がみを配ります
　　　すると〜今まで園や家庭でいろんな「折り紙」を教えてもらった
　　　　　子どもは…自信たっぷりの〜顔をして待っています
一方…色がみを〜配っている時から「ぼくできない…」と
　　　泣き出しそうな〜子どもがいます
　　　　　（まだ…何をするとも言ってないのに〜折り紙コンプレックス？）
わずか…4〜5歳（年）で　次にすることが〜パターン化されて
　　　得意になったり〜落ち込んだり…（本当は大丈夫なんだよ！）

今日する「色がみあそび」は…「折り紙」ではありません
　　「は〜い！　色がみ〜もらいましたか…
　　　　　じゃあ…上にあげて〜振ってみてください」と言うと…
　　　子どもたちは（え〜！色がみって〜振るものなの？
　　　　　　　　　　　と…思いながらも〜嬉しそうに振っている）
「どんな音がしますか？」
　　　「え〜とね…ぼくのはパシャパシャ」「わたしのはサラサラ」

「そう〜いろんな音がするね…　他にもっとちがう音がする人〜」
　　　　すると…さっきまで「ぼくできない」と〜落ち込んでいた子が
　　　　　「ぼくのは〜パンパン！」「わたしのは〜カシャカシャ！」と
　　　どの子も…自分が「**感じたり**」「**考えた**」音を〜見つけて
　　　　　嬉しそうに〜発表してくれます

子育て（教育や保育）は
　「**覚える力**」「**考える力**」「**感じる力**」の3つの力を
　　　　バランスよく〜育てることが大切です
折り紙は「覚える力」が必要ですが
　　　こういうあそび（紙振り）は「**考える力**」や「**感じる力**」のあそびです

「じゃあ…　次は〜この色がみを　小さくなぁれ〜小さくなぁれって
　　　おだんご（梅干）にしてごらん」
「え〜　色がみって…シワクチャにしていいの…」
　　今度は〜そう思いながらも…子どもたちは〜さっきよりも
　　　　嬉しそうに「小さくなぁれ〜小さくなぁれ」と〜丸めていきます
どの子も…もうこれ以上〜小さくならなくなった頃…
　　「じゃあ…　今度は〜破れないように　そおっと〜開いてごらん」
「え〜！」すると〜さっきまで…何でも〜早くできていた…器用な子の
　　色がみは〜小さくなりすぎて…開くのに〜時間がかかる
逆に…小さく丸める〜力の弱かった子どものは
　　簡単に開くから…順番が〜逆転してしまう

「では今度は…ビリビリと破いてみよう〜長くなるように…」
　　少しずつ〜破るのは**ちぎる**！　これは**指先**に力が集中しないと難しい
一方　パァ〜と　両手で一気にひっぱるのは「裂く」
　　「ちぎる」と「裂く」はちがうんだよ〜
　　　　「今日は…　長〜くなるように〜少しずつちぎる練習だよ」
　　　一生懸命「神経」を集中して…色がみを〜ちぎる子どもたち…

こういう活動は… ひとりひとり～その子に合った**ペース**や
　　　力量に応じて～できるあそび！　**自分で結果**も～見えます
　　　　経験を重ねるごとに…**変化（成長）**が～わかるから励みにもなる

最後に…ちぎった色がみを～のりで長くつなげる
　　　色がみを…おもて～裏　交互につなげる
　　　　それを窓辺に…つるして飾りにする～首飾りにもなる
　色がみ１枚でも…いろんな～あそびができそうです

他にも…まだまだ考えれば～あそびに終わりはありません
　　　「色がみ丸めて～」「今度はひろげて～」
　　　　「おもしろい～シワシワ模様ができたでしょう…」
　　　「シワの上～サインペンで歩いて…　シワの道つくって～」
　　　　「最後は…　クレパスで～１マスずつ…塗り分けて～」

こうして～できあがった「色がみのシワシワ～**デザインコンクール！**」
　　　どの子も～**世界中で１枚**だけの…オリジナル作品です
もちろん…**年齢**や**発達**によって～細かいデザインの子どももいれば
　　　かなり～大胆な子どももいる
きれいに～塗り分けているのもあれば…　適当なのもある…
　　　どれも～それぞれの…個性をよく表し～楽しくゆかいな作品です
　　　　（回数を重ねるたびに…変化・成長するのが～子どもにもわかる）

いつでも～どこでも～誰でもできる『おえかき表現』

こういう～おえかきや活動を　もっともっと～考えてみませんか…
　　　色がみ１枚あれば～誰でもできて
　　　　何回も～**くり返し**あそべて（**おかわり**～できて）
　　　ひとりひとり**異なる**から～**おもしろい**世界
　　　　自分で～自分の**成長が見える**から～**やる気**もでる！

【色がみのトーテムポール】
もうひとつ〜異年齢のクラスでも… 色がみ1枚で
　　みんなが〜楽しんで描ける「おえかき表現」を紹介しましょう。
まず〜色がみを2度半分に折ると〜小さい四角ができる
　　その4つの角を〜ハサミで少しずつ切り取り…
ひろげると〜まわりの角が取れ　真ん中に小さな穴があいた〜色がみになる
　　この**真ん中の穴**を〜**鼻**に見たて…　**目と口**の位置に〜**小さな点**を描く

子どもたちに「小さな〜目と口じゃ…よく見えないし
　　声も聞こえにくいから…クレパスで色変えて〜少し大きくしよう！」
「じゃあ〜もう一回」「色変えて〜」
　　数回〜くり返すうちに…目も口も〜だんだん大きくなってくる
その度に…**顔の表情**が〜**変わって**おもしろい
　　中心から外へ〜ひろがる「おえかき」は
　　　　誰でも〜描ける楽しい「おえかき」になります
展示する時も…ちょっと工夫すると楽しくなる
　　たて（上下）に並べて貼っていく…背高のっぽの「たけのこ」みたい
　　　　左右に〜手が伸びるように貼ると〜トーテムポールのできあがり

♪まちがえたって〜いいじゃない
　　　いろんなことが〜あるじゃない
まちがえたって〜いいじゃない
　　　そのたび〜こころが〜強くなる

かなしいときには〜泣けばいい
　　　笑っておこって〜ふくれて
いろんなことが〜あるたび
　　　そのたび〜こころが〜深くなる♪
(♪子どものうた(オリジナルソング集)♪『**まちがえたって いいじゃない**』楽譜 P125参照)

＊幼児のおえかき（描くことが好きになる～おえかき表現）

幼児のおえかきは…　**『誰でも～楽しく描ける！』**
　　　　　　　　　『描くことが～好きになる！』 そこから～始めたい…
雨上がりのグランドに…棒切れでおえかき
　　アスファルトの道に…ロウセキで落書き（楽描きとも言う…）
ぐるぐる描きや　長い線　曲がった線…
　　あの頃は…みんな『描く』のが…　**楽しかった！　好きだった！**
いつの頃から…**『形を描く』**絵画や図画が～始まると…
　　画用紙を…目の前にして～**緊張**で**手**が自在に動かなくなる…

幼児のおえかきは…
＊『丸』と『線』のおえかき
＊『面』（シルエット）のおえかき　から～始めよう！

☆誰でも描ける『手あそび～おえかき話』
《雨ふりのおえかき（ぐるぐる描き）》

まず…雲の「おえかき」から…
「まず右手を上げて…1本指を出してください　それが～クレパスです」
　　「では…大きな空に～雲を描きます　最初は～小さな雲ですよ
　　　　クルクル～クルクル…小さな**雲の赤ちゃん**が　生まれました」
「じゃ…その雲が少しずつ～大きくきくなりますよ　グルグル～グルグル
　　スピードも速く…ぐるぐる**ぐるぐる**～どんどん**大きく**なりました」

「今度はもっともっと～大きく…ぐるんぐるん～大きな雲になりました」
　　「じゃ…今度は～クレパスの色を変えて…」
「左手にも～クレパス持って　ぐるぐる**ぐるぐる**～」
　　「今度は…両手で～雲のおえかき　ぐるぐる**ぐるぐる**～」

どの子も…楽しそうな顔で〜クルクル！小さい雲から〜ぐるぐる描き！
　　　そして…大きく〜ぐるんぐるん！！
　　　　　言葉の響きに合わせて…両手を上にあげて（空のおえかき…）
　　　　　ぐるぐる〜楽しい…手あそびの〜おえかきが始まりました

次に〜**雨ふりの「おえかき」**
「空に〜雨雲がいっぱいになったら…雲の中から〜雨が降ってきました」
　　　「あっちから〜ポツン　こっちからも〜ポツン　ポツン…ポツン…」
「次々に〜雨が…ポツポツ　ポツポツ〜」
　　　「いっぱい雨が〜降ってきて…サァ〜！　もっと降って…ザァ〜！！」
「雨が降ったら…水たまりができました　ホゥゥワ〜ン…」
　　　「水の輪が〜ホゥゥワ〜ン　雨から水の輪〜ホゥゥワ〜ン！」
「じゃ〜今度は…画用紙の上に〜描いてみましょう」

最後は…**おたまじゃくしの〜おはなしの「おえかき」**
「空いっぱい〜雲が出て…　雨が降って〜水たまりができたら
　　　おたまじゃくしが…いっぱいあそびにきました」
「何して…あそんでいるかな〜？　どこがお家かな〜？
　　　お母さんはいるかな〜？　友だちは何してる〜？」
「おたまじゃくしの〜家族のおはなし…保育園のおはなし…
　　　いろいろ描けたら〜…**おはなし**を教えてね…」

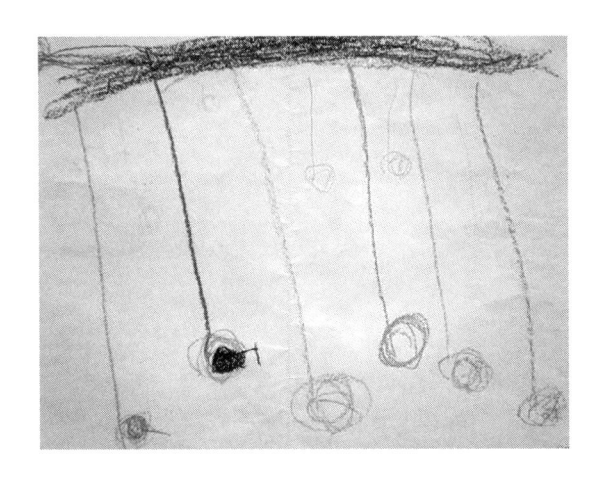

３〜５歳（たてわりクラス）の子どもたちに…
　　　　こんな（手あそび話）をした後〜描いてもらいました。
　　　　　これは〜４月新入園のＫちゃん（３歳児）の絵です　《前ページ↑》

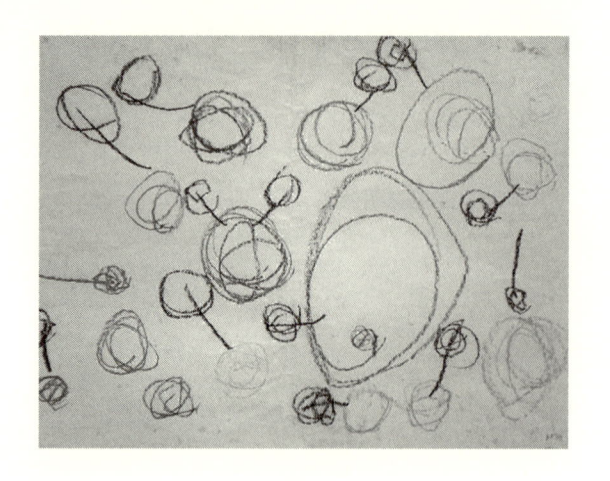

「**雲**」と「**雨と水たまり**」と「**おたまじゃくし**」
　　３つの「**課題**」は…まだ入園から２ヶ月ほどの
　　　３歳の「Ｋちゃん」には〜難しいようです…
さて…ここで終わってしまうのでは
　　「**一生で一度のおえかき**」になってしまいます…　そこで〜**１週間後**
　　　もう一度…同じ手あそび話をして〜描いた絵がこれです《上の絵↑》

前回…自分の絵には〜おたまじゃくしが少なかったので
　　今度は「**意識**」が〜そっちにいき　雲の方を忘れて〜しまったようです
　　で…もう１週間後　**３回目**に描いた絵が〜この絵です　《上の絵↑》

１回きりの〜おえかきなら　Ｋちゃんは１枚目の絵だけで〜おしまいです
　　３週間にわたって〜３回続けると…子どもの絵は〜こんなに進化します
　　　さて１年後…**２年目（４歳児）**になった〜Ｋちゃんの絵がこれです↓

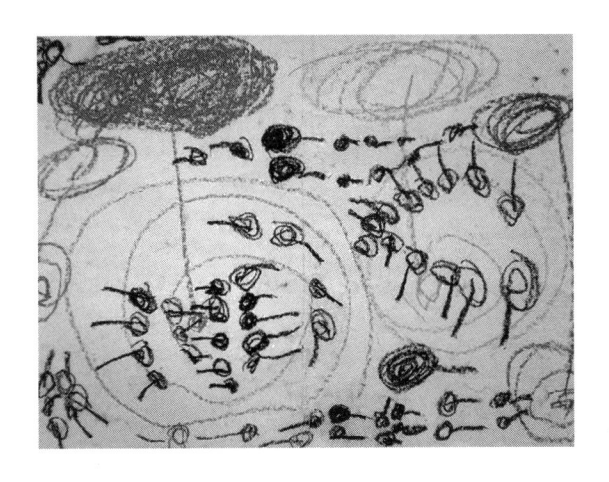

線の**筆圧**〜**スピード**〜**大小**〜**色**の変化…
　　おたまじゃくしの**おはなし**も〜いっぱい増えてきました

そして**３年目（年長組）**の〜６月に描いた絵がこれです　《上の絵↑》
　　幼児の〜おえかき（保育＝音楽でも制作でも）は…
　　　「上手」な子どもを〜育てるのが「目的」ではなく
歌うこと！〜描くこと！〜作ることが！…好き！（楽しい！）
　　友だちと〜あそぶことが好き！（楽しい）
　　　そして〜生きることが　好き！（楽しい！）
そういう**好き！（楽しい！）**を育てるのが〜幼児の**保育**の『**目的**』です

＊幼児の積木あそび（保育の中での～積木あそび）

どこの**家庭**でも～どこの**園**でも『**積木**』は…よく見かけます
　　　けれど…**種類**（大きさ・形）も～バラバラ　**あそび方**も～バラバラ…
高く～積むだけなら…数だけの問題（お金もかかる…）
　　　自由に～あそぶなら…保育者じゃなくてもいい
幼児にとって『**積木あそび**』とは～その程度のもの…？
　　　いえいえ～とんでもない！　そんなことはありません…

小さな子どもから～大きな子どもまで…
　　　年齢や～**発達**に合わせた『**積木あそび**』
　　　　　保育の中での…『**積木あそび**』があるのです

『**積木あそび**』の講演や研修会を頼まれ…北海道から九州まででかけます
　　　例えば…スイスの「ネフ社の積木」の…『**ネフスピール**』や
　　　　　『**アングーラ**』『**セラ**』などを～使ってあそびを見せます
中でも～ネフスピールは1958年に製作され（なんと私と同じ年）
　　　だから愛着が深く「ネフ君」と呼び～興に入るとネフスピールだけで
　　　　　90分の講演が終わるほど～あそびの種類が豊富で～奥が深い…

積木あそびを『**見る**』…　話を『**聞く**』…　実際にあそんで『**考える**』
　　　講演では～『**積木あそび**』をしながら
　　　　　この『**見る**』『**聞く**』『**考える**』力の～育て方の話をします
おとな（親や先生）が～もっとあそびを知って
　　　夢中になって～あそんでみよう！（あそびこむ～体験）
その姿を見て…　子どもも～そんなに「**楽しい世界**」なのかと
　　　集中・熱中・夢中と「あそびの世界」の楽しさを**感じる**のでは…

まず「見て」「マネして」「あこがれて」
「試して」「考え」「あそびこむ」～いつの間にやら「オリジナル！」

　　　　子どもは「**見る**」「**聞く**」「**知る**」を…『**材料**』として
　　　　　いっぱい『**知識**』を…集める（**貯える**）時期と
　　　　　　その『**材料**』を使って…お料理（**表現**）する〜時期があります
貯金も（こつこつと…）貯めておかないと〜引き出すことはできません
　　　　「**表現力**」を引き出す前に…「**貯える材料**」を！
おとなが〜いっしょにあそぶ中で『**見せる**』ことから…貯えます

「絵本」は…買った日から〜読んであげる
「積木」も…買った日から〜いっしょにあそぶから〜楽しいのです

もうひとつ…好きな積木に
　　　　デュシマ社の**ウール積木**（レンガ型積木）というのがあります
たて・よこ・高さの比率が　**1 対 2 対 4** でできていて
　　　　どう積んでも…ピタッと重なる〜これが気持ちいい！（これが**秩序**）
また形が〜ひとつしかないから「**考える力**」「**工夫する力**」が育つ！

例えば…　家を作る時〜屋根の三角が無いから〜積み上げ方を「考える」
　　　　無いからこそ…「考えるチャンス」が生まれてくるのです

この「レンガ型積木」を使って
　　　　1・2・3学期と〜発展する「積木あそび」を考えてみましょう
例えば…**10 個**の積木を…　①**並べる**　②**つなぐ**　③**積み上げる**

「積木あそび」のはじまり（入り口）で
　　　　『**並べる**』から入ると〜幼い子どもでも楽しめます
「**積む**」という「**立体あそび**」の前に
　　　　「**並べる**」という「**平面あそび**」が〜どのくらい
　　　　　　豊かに「貯えられて」いるかによって…
　　　　「積み上げて」からの「あそび」が変わってきます

積木とあそぼ 1・2・3 （ウール積木）
　　　　レンガ型積木だけで〜いろんな『あそび』が…年齢ごとにできます
　　＊「並べる」⇒「つなげる」（トンネル）⇒「積み上げる」（ヨット）
　　＊10段リズム積み（1・2・1・2〜で何種類？）
　　＊10段タワー積み（3歳児10段〜4歳児11段〜5歳児12段）
　　＊積木おとし（1歳〜5歳にチャレンジ！）
　　＊チーム対抗タワー作り！（2・3・4・6・8…）
　　　（このあそびは〜保育参観の時に…親子であそべ〜人気があります）

積木あそびに限らず…『楽しいあそびの条件』には
　　＊秩序がある（順序・ルール・リズム）
　　＊くり返しあそべる
　　＊ランクアップがあるあそび
　　　レベル1（基本あそび）　好奇心を育てる（見る力）おもしろそう
　　　レベル2（発展あそび）　意欲を育てる　（試す力）やってみたい
　　　レベル3（応用あそび）　想像力⇒創造力（考える力）おもしろい

これが入っている「あそび」を…「課題」に選べば…
　　（集中・継続・発展）する「あそび」ができます
　　すなわち〜『あそびこむ』という力です

「積木あそび」は〜この『楽しいあそびの条件』が含まれているので
　　「保育としての積木あそび」として〜カリキュラムに組めば…

　　＊1学期〜2学期〜3学期と『成長』する保育や…
　　＊3歳〜4歳〜5歳児クラスと『つながる保育』が…
　　　できるのでは〜ないでしょうか
　　『幼児の〜積木あそび』『保育の中での〜積木あそび』を
　　　もう一度〜考えてみましょう

保育を楽しく！（楽しくなければ～保育じゃない！）

　　　なんて言うと「楽しいだけじゃダメ！」って～叱られそうだけど…
　　　でも～あえて…「楽しそう！」「おもしろそう！」から
　　　　　「**保育**」も「**あそび**」も始めてみたい！
　　　そして…いっぱいの「**好き！**」を見つけてほしい
　　　　　そこから…次が生まれ～続いてゆく…

＊楽しみながら～深く考え～そして継続する

　　研修会も同じだと思うのです
　　　　＊保育者の～**知りたい**こと…って何？
　　　　＊毎日の保育で～**困っている**ことって…？
　　研修会疲れをしている～地域や先生が～多いと聞きます
　　　「**細切れ保育**」にならないように…という研修会をしながら
　　　「**細切れ研修会**」をくり返している…
　　研修した「知識」を…**日々の保育**に活かして
　　　はじめて…「値打ち」のある～研修会なのに
　　昨年したことは忘れ…半年前～いや先月した～研修会も
　　　「日々の保育」では役立たず～忘れてゆく…
　　　　　だから「研修会は楽しくない」…そしてみんな疲れてゆく…

＊楽しくなければ～研修じゃない

　　保育者が～楽しくなければ「良い保育」はできません
　　　研修会が～終わった後「**明日**…子どもたちに話してあげたい」
　　　　「**早く**…子どもたちといっしょに～やってあそんでみたい」
　　そう思えることが「ひとつ」でもあれば…
　　　その人にとって～値打ちのある研修会です

＊『楽しく』『深まり』『継続』する～研修会

　　『**楽しく**』　楽しい～から始まり…
　　『**深まり**』　もっともっと知りたいと～深まり
　　『**継続**』　　次回もその次も～参加したい（継続）したいと思うのが…
　　　　　　　　　保育者側の～求めている「研修会」ではないでしょうか…

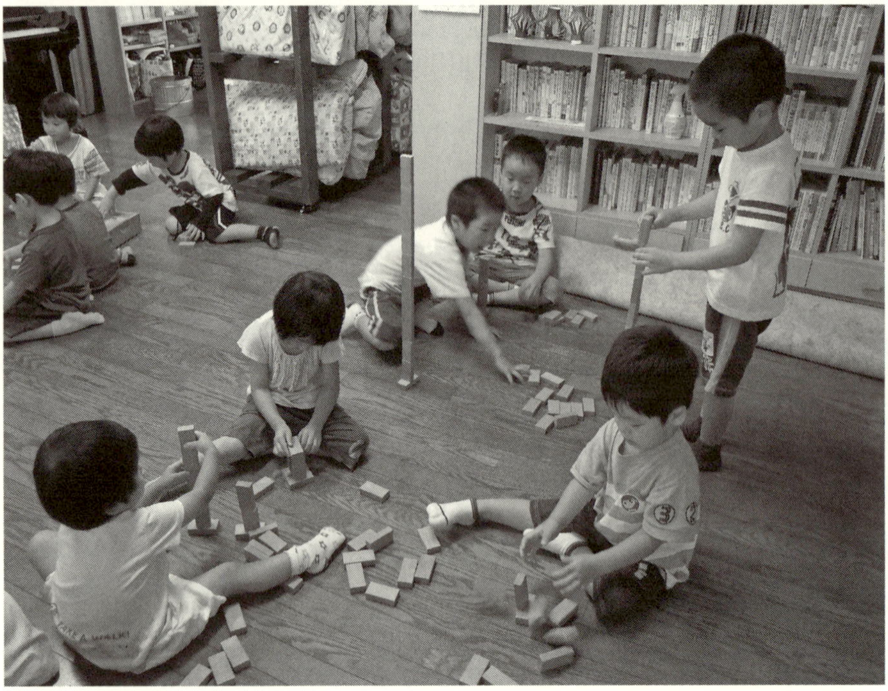

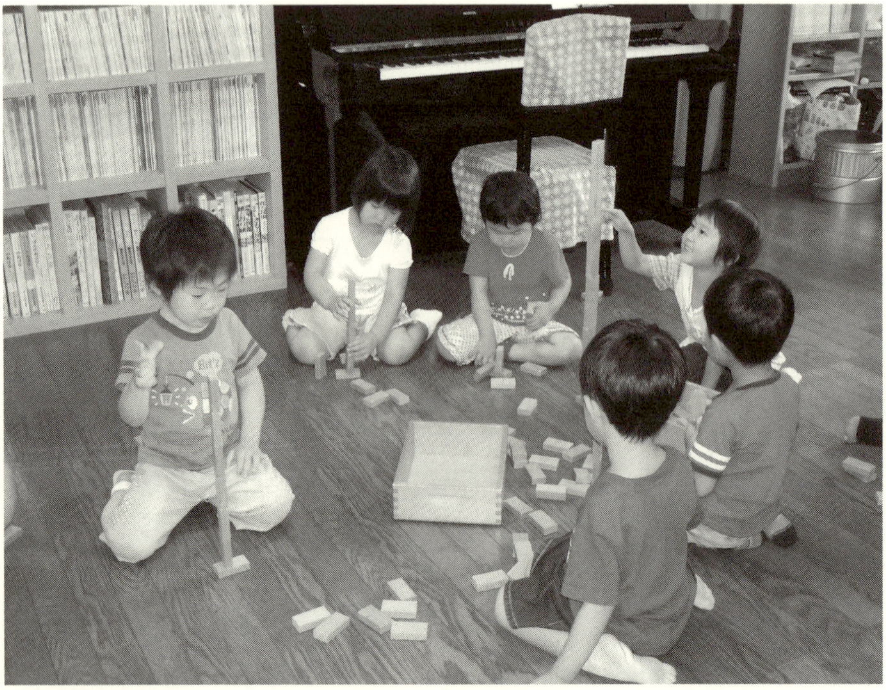

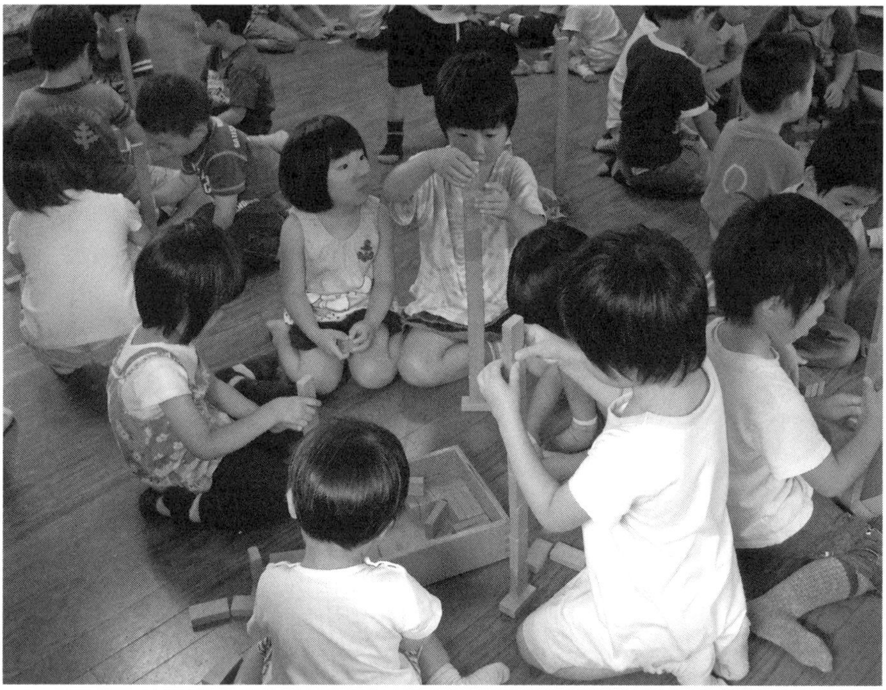

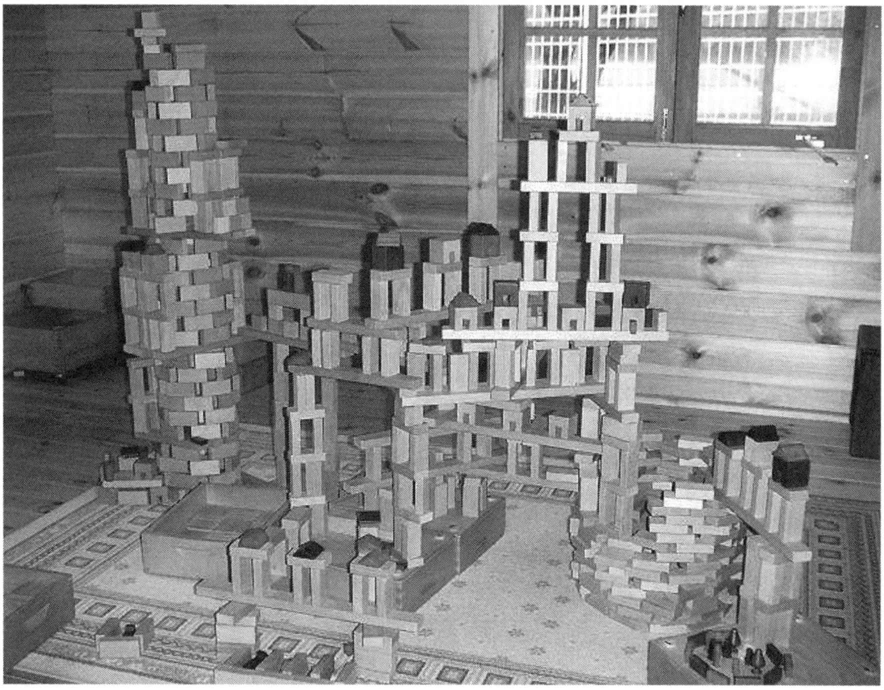

④**あそびの学校**（つながる保育～つながる研修）

さて～そこで…「つながる保育～つながる研修会」として
　　『**あそびの学校**』（あそびの保育の研修会）を～主宰しています

『**あそびの学校**』は… 子どもたちの「あそび」（＝保育活動）を
　　保育者自身が… 実際に「**体験**」することにより
　　　　『**好奇心**』（おもしろそう～！）
　　　　『**意欲**』（やってみたい！）　と思える「こころ」を育て…
　　子どもの気持ちを理解する…**実践型**の**研修会**（ワークショップ）です

『**あそびの学校**』に…ようこそ　ようこそ！
　　　《保育を楽しく！　研修も楽しく！　自分も楽しく！》

「**子どもを育てる**」ということは…「**自分を育てる**」ということ！
「**子どもを成長させる**」ということは…「**自分を成長させる**」ということ！

『**あそびの学校**』は
　　　保育の「**知識**」や「**技術**」を（覚えて）帰る～研修会ではありません
「**知識**」よりも…『**知恵**』を　「技術」よりも…『**意欲**』を
　　「教える」ことより…『**育てる**』ことを
　　「覚える力」より…『**考える力**』や『**感じる力**』を～育てる研修会です

子どもが…**自ら育つ保育**を『あそびの学校』で
　　いっしょに～楽しく**あそび**ながら…考えてみませんか？
そのためには～保育者自身が「あそび」を**体験**して…
　　　子どもの「あそび」を…見つけたり～**生みだす**力が大切です
ひとつの「あそび」を…発展させる『**想像力**』
　　　そういう『**感性**』や『**感覚**』を育てることが
　　　　「これからの研修会」には～必要だと思うのです

これからの…幼児教育を〜考える時
　　「絵画」や「音楽」や「運動あそび」など…**パーツ別**の研修だけではなく
その**活動**（保育）をすることによって
　　子どもの「**何の力**」を育てたいのか…？
その『**優先順位**』を…　各園で（深く）話し合い…
　　その力を「育てる」ための…方法や手段や科目として
「絵画」なり「音楽」「運動あそび」という
　　『**保育の材料**』を使うのであれば…
保育に『**一貫性**』があり…　1年後（数年後）に
　　確実に〜**その力**がつくと思います

《**実践例**　毎月2回…週末の金曜日〜夜6時
　　　研修会場（幼稚園の遊戯室）に〜保育者の笑顔が集まる

＊6時〜6時30分（**積木あそび**の時間）
　　登園（参加）した人から…名簿に名前を書き
　　デュシマの（**レンガ型積木**）を使った「あそび」にチャレンジする
　　　　（毎回課題があり…**くり返し**のあそびから〜
　　　　　　レベルアップするあそびの…楽しさ・喜びを〜体験する）
　　その他…**昔あそび**（ケン玉・お手玉・独楽など）
　　　　手づくりおもちゃ・カードゲームなど
　　保育の中で…子どもたちに「**意欲**」と「**好奇心**」を
　　　　育てる**あそび**の〜紹介や実践をしています

＊6時30分〜7時（**絵本**の時間）
　　毎回…絵本の**紹介**や**解説**〜**語り聞かせ**をします
　　　　「絵本」の**選び方**・**持ち方**・**読み方**など…基本的な話から
　　　　　　子どもの側（気持ち）になって〜**絵本を見る**ことにより…
　　絵を（読む）楽しさや…先を（想像する）おもしろさを**体験**します
　　　　絵本から作った…オリジナルソングの紹介等

＊７時〜８時（その日の**メインの活動**）

　　『**あなたはやったらできるんだよ**』という

　　　　意欲を〜育てるあそび（＝活動・保育）の紹介

　　『**幼児のおえかき**』（季節に合わせた〜絵画や製作）

　　　　デザイン画・植物画・人物画…他

　　『**歌や〜リズムあそび**』ペットボトルを使った太鼓あそび…他

＊始まりと〜終わりの『間』の…こころの変化が成長！

　　夜６時に…「**集合した時の自分**」と

　　夜８時…「保育が**終わった時の自分**」との**間**に

　　　　どんな出来事（**体験**）があり…「**発見**」や「**努力**」や

　　　　　　「**喜び**」や「**感動**」があったのか…

　　　　すなわち「**こころが動いた〜時間**」が多いほど

　　　　　　人間は…**成長**するのではないでしょうか

絵本や**昔話**でも…　物語の「**はじまり**」と「**終わり**」の間の

　　　　『**冒険の中**』（経験）に〜成長の「**秘密**」があります

　　『**保育**』で大切なのは…目に見える力〜

　　　　　（何かができる・できない）だけではなく…

　　目には見えない（見えにくい）けれど…　『**人間として**』大切な力！

　　　　人の話をしっかり『**聞く力**』や…自分の頭で『**考える力**』

　　　　　　その力の〜基礎になる『**好奇心**』（知りたいと思うこころ）や

　　　　　　　『**意欲**』（やってみたいと思う気持ち）ではないでしょうか…

　　この『**聞く力**』『**考える力**』『**好奇心**』『**意欲**』を

　　　　毎日の（具体的な）保育の材料「絵本」や

　　　　　「積木あそび」「お絵かき」や「歌・リズムあそび」などの

　　　　　　活動の中で〜どうやって育てていくのかを

　　　　　　　考えることが『**つながる保育**』『**つながる研修**』だと思うのです

『**あそびの学校**』は…みんなが**集まれる場所**（園）を
　　　　提供してくだされば～**全国どこでもできます**
園内研修や～役所の研修会ではなく…仕事が終わってからの
　　　自主的な学び（あそび）の会ですから…費用も参加者が
　　　　　ワリカンの形でやれば～連続して会を積み上げることができます
月２回がベストですが…　月１回でもＯＫです
　　　２ヶ月に１回でも～構いませんが
　　　　　１年以上（**春夏秋冬**）と**積み上げ**ないと『**感性**』は育ちません
『あそびの学校』で…保育者も～**新しい友だち**を見つけ
　　　（保育を楽しく）する～ヒントを見つけましょう

「**つながる保育**」
　　　子どもと～子ども（友だち）が　つながる
　　　子どもと～おとな（親・先生）が　つながる
　　　家庭と～園とが　つながる
　　　年少と～年長が　つながる
　　　昨日と～明日が　つながる
　　　保育と～保育が　つながる
　　　人と～自然（宇宙）が　つながる

保育は…なんでも～つながっています
　　　絵本であれ…　積木であれ…　絵画であれ…　音楽であれ…
　　　　　保育というのは…　別々にあるのではなく…
　　　その**活動**（**あそび**）をすることによって
　　　　　子どもの「**何の力**」を～**どのように**育てるのか…
私は…「**人の話を聞く力**」から～始まり
　　　「**自分の頭で考える力**」へと～つながり
そして～「**自分の脚で歩いていく力**」を育てること…と思います
　　　私の園の『**保育目標**』は…
　　　　　『**自分の頭で考えて～自分の脚で歩いていける子ども**』です

3章

子どもの眼（子育てエッセイ）

とらわれのない眼
（あるがままを〜受け入れる）

＊子どもが育っていく〜いのちの時間
＊子どもといっしょに〜生きるよろこび！

①『優しい時間』と『優しい言葉』

優しさを配る

　　優しさの時代だと〜言われています
　　　　恋人にするには「優しい人」が人気ですし
　　　　　　友だちや親〜先生にも「優しい人」を求めます
　　こんなに〜みんなが「優しさ」を求めるのは
　　　　日々の暮らしの中で「優しい言葉」より〜『こころが痛む言葉』の方を…
　　　　　　多く受けているからでは〜ないでしょうか…

　　親も〜子どもに「優しい子」に〜育ってほしいと願う
　　　　けれど**「優しい言葉」**と**「こころが痛む言葉」**
　　　　　　どっちを多く…子どもに〜話して（声にして）いますか…？
　　思いやりのある子に〜育ってほしい！とも言う
　　　　「思いやり」は…**『気配り』**
　　　　「気配り」は…　**『気配』**を感じる力から…
　　　　　　その**気配**を感じる〜暮らしを…親の方はしているのでしょうか…

　　人が（誰かが）優しくしてくれない…ではなく
　　　　自分が〜誰かに**『優しさを配る』**暮らしや〜**生き方**をしてみる…
　　人に喜ばれたり〜人の**笑顔**を見たり〜**感謝**の言葉を聞くと
　　　　優しさの輪は〜どんどん広がります

　　例えば…　子どもに**1日に3回「ありがとう」**を言ってみる
　　　　親の方は…「ありがとう」を言うたびに
　　　　　　子どもの**「良いところを〜見つける眼」**が育ち…
　　　　子どもの方も「ありがとう」を言われるたび
　　　　　　自分が**「認められる喜び」**を体感し…
　　　　　　　　人にも「ありがとう」が言える子どもに〜自然に育つ…

喜びが〜喜びを生み！　感謝が〜感謝を生む！

『**ほほえみと受容**』のある暮らし…
　　　『**愛と感謝**』のある暮らし…
子どもの些細な行動を…おとなが〜可愛いと思い「**好き！**」になれば
　　　子どもの方も〜おとなに**好意的**になる…
「**好き！**」になるには…　**楽しむ**こと！　**喜ぶ**こと！
　　　愛は〜愛を呼び…　憎しみは〜憎しみを生む
親との暮らし（関係）において…「**優しい時間**」の中で〜育った子どもが
　　　人にも優しく〜**生きる**ことが「**好き！**」になるのではないでしょうか…

喜びは順送り！

20数年前〜当時珍しい「男性保育者」のたまごとして
　　　学んでいた保育学校で…「文学」の授業の前に
　　　　　必ず「**絵本**」を読んでくださる〜ステキな先生がいました
その学校で「美術」の時間に…日本中の「やきもの」や「郷土玩具」
　　　季節ごとの「**野の花のおえかき**」を〜教えてくださる先生がいました

『今まで…知らなかったことを〜知る喜び！』

保育の世界で…子どもの笑顔といっしょに〜暮らす中で…
　　　今まで経験しなかった〜たくさんの**喜びを知る**ことができました

幸せの種まき

　　　知らないことは（今日から）知ればいい…
　　　未経験なら（今日から）始めればいい…
子どもの笑顔を見るために…　**あなたの笑顔**を見るために…
　　　自分を〜育ててもらった保育界（子どもの世界）に
　　　　　自分が〜できること（おかえしできること）は…なんだろう
『**優しさを配る**…』『**喜びを順送りする**…』
　　　子育て（保育という仕事は）**幸せの種まき**…の仕事です

②こころの『しあわせ貯金』

『充電』の必要なのは… 子ども？ おとな？
　今〜目の前の「**携帯電話**」が〜充電器に載っています

　「**充電**」の反対は「**放電**」… 家から一歩外へ出たら「社会」です
　　　「**社会**」に出れば〜家族以外の「人間関係」ですから
　　　　　気配りや気遣いなど…かなりの「エネルギー」を「**消費**」します
　朝から〜夕方（夜）まで
　　　「**放電**」を続けた〜人間（子どももおとな）も…携帯電話も…
　　　　夜の間〜家庭でしっかりと「**充電**」しておかないと
　　　　　明日の朝が「不安」で…充分な「**活動**」ができません

使ったら〜補う
　このあたりまえの「作業」を〜子どもは見事に（素直に）**表現**します
　　「**疲れたら**」…甘える〜**わがまま**を言う…
　日頃「いい子」が…ある日「急」にわがままになる
　　　親や〜保育士は「なぜ…？」と戸惑うでしょうが
　　　　がんばってた「エネルギー」が切れただけ…
　車で言えば「ガソリン切れ」のようなもの
　　　怒っても〜叩いても〜なだめても…車は動きません

　泣き叫んでる子どもを〜なんとかしよう…じゃなく
　　　「ガソリン切れかぁ…それじゃあ〜充電しなくっちゃ…」と
　　　　「悲しい気持ち」を**受けとめて**あげたり〜**こころを共有**すること
　ギュウ〜と**抱きしめて**「ただいま**充電中**…」と
　　　場所（気分）を変えたり〜**おはなし**をしたり〜**歌**をうたったり…
　あなたの〜**おだやかな**「**声**」と〜**あたたかな**「**体温**」が
　　　疲れた〜子どものこころを… ゆっくりと「**充電**」し始めます

こころの疲れは…自然の音を聞こう

　　　「**体の疲れ**」は…　一晩**眠れば**〜かなり**解消**されますが…
　　　　　「**こころや頭（脳）の疲れ**」は〜眠ったくらいでは
　　　　　なかなか〜消えてくれるものではありません。
　そういう時は〜「**自然の音を聞くのがいい！**」と教えられ…
　　　　車に乗って〜山へドライブ！　**滝の音**を〜聞きにでかける
　　　　　　たしかに…滝の「**ゴォー**」という音と〜水しぶきを見ていると
　　　　こころの中の「イヤ〜」なものが〜どんどん流されていく…
　　　　　　そんな**気持ち**になるから〜不思議です
　また〜**波の音**もステキです　波が寄せては返す…「**ザザァー**」と波の音は
　　　　いつまでも続く…　自然の音は〜山も海も…癒されるいい音です

毎日の生活で…積み重なった「ストレス」や「疲れ」が
　　　『**自然の音を聞いている**』と〜癒されます
いや耳で「**聴いて**」いるだけではなく…滝も波も〜そこに「**映像**」があり
　　「**匂い**」がある…　つまり〜五感を「**バランスよく**」使っている時間に
　　　　こころも体も「**癒され**」…そして「**充電**」をしているのです
子どもは…時々「ぼぅ〜」と何かを**眺めて**いる…　きっと「あの時間」に…
　　　　無意識に『**五感**』を使い（何か）を見たり・聞いたり・匂いを臭いだり…
　　　　あの時〜ある種の「ファンタジー」の中で
　　　　　　こころを癒したり〜**充電**したりしているのかもしれません…

もし〜そうなら…　かつて〜子どもだった私たちは…
　　　　子どもと「**あそぶ時間**」や「**自然の中**」にでかけることによって
　　　　　その**能力**を「**再生**」しようとしているのかもしれない
新しい「知識」や「能力」を〜身につけることも大事…
　　　　けれど…元もと〜持ってる能力（**再生能力**や**自然治癒力**など）を
　　　　　再発見することも〜大事なことだと思いませんか…
『**子どもとあそぶ**』ことによって『**子どもから〜学ぶ！**』
　　　　あそびや〜体験の中から「**感じる力**」を思い出しましょう

③「ストレスコップ」と「しあわせコップ」

昔〜私の子どもの「アトピー」がひどかった頃…
　　皮膚科のお医者さんが〜こんな話をしてくれました

「人間のこころ（体）の中に『**ストレスコップ**』というのがあって…
　　毎日の（普通の）暮らしの中でも
　　　　小さな「ストレス」が〜**コップの中**に溜まっていきます
ただ…コップからあふれなければ〜症状には出ませんが
　　大きなトラブルや〜ストレスが重なったりすると…
　　　　コップからあふれて〜**目に見える**症状になります」

じゃあ〜その「ストレス」を無くす〜ことは無理としても…
　　減らすことは〜できないのですか？　とたずねると
「おとななら…お酒を飲んだり〜カラオケに行ったり〜衝動買いをしたり
　　ストレスの「発散方法」は〜人それぞれ…

子どもなら…絵本に抱っこ〜楽しいあそび…
　　そして何より…　子どもの話を〜ゆっくり聞いてあげることかなぁ…」と
　　（ニコッ）と〜こちらを見て笑い…「高橋さんの方が専門でしょう…」

まだ〜若い保父（保育士）だった私は「知らないこと」がいっぱいでした
　　自分の子どもや…毎年出合う〜園児たちから…
　　　　次々と「**問題**」を〜投げつけられるたびに
　　　　　　知らないことだらけの〜自分に気づきました

『**気づいた時**』から…新しい「次の**チャンス！**」が**スタート**するのです
　　「**知らない自分**」「**未熟な自分**」を〜**認めること**ができた時から…
　　　　成長できる『**新しい自分**』の「今日」が〜始まります

「知らないこと」を「知りたい！」
「できないこと」が「できるようになりたい！」
　　　そんな考え方や～生き方を「教えてくれた」のも…子どもでした

　　知らないことを…堂々と「知らないから～教えて」と言っていいこと
　　　　「やったことがないから～やらせて」「やってみないと～わからへん」
　　　　　とらわれのないこころで～何回も**チャレンジする姿**を見せてくれ…
　　始める前から～「できないかも…」と
　　　　自分で**自分の限界**を（決めつけていた）生き方が～変わってきました

無限の可能性があるのが…子ども

　　子どもは…日々**変化**し～**成長**しています
　　　　その根っこが「**好奇心**」と「**意欲**」であること
　　また…子どもは「**元もと～どの子もいい子**」であり
　　　　どの子も「好奇心と意欲」を持っていること…

　　そんな～子どもたちの世界に…変な事件が増えてきました
　　　　子どもたちが起こす～信じられない数々の「事件」を聞くたび…
　　　　　「**ストレスコップ**」から～あふれだした**想い**や**叫び**…
　　　　「**しあわせコップ**」が**カラカラ**になってしまった～子どもたちの**苦悩**…

　　本当は…おひさまめざして～明るく伸びようとしている
　　　　「元もと～よい子ども」の**こころ**に～**寄り添って**くれる人がいれば…
　　　　　　理解してくれる人がいれば…子どもはぐんぐん伸びていくのに…

　　子どもの『**しあわせコップ**』に～たくさんの『**しあわせ貯金**』を…
　　　　保育という仕事は～子どもを育てるだけでなく…
　　　　　　子どもを育てている「**親**や**家族**」に～しあわせコップの中味を
　　　　　　　　知らせる仕事でもあるのです

④子どもといると～元気がでるから…

将来～保育士になりたい！という～実習生に
　　　「何故～**保育の仕事をしたいと思ったの？**」と聞いたら
『だって～**子どもといると元気がでるから！**』
　　そこで～さらに「なんで？」とたずねると
『他の仕事やったら～**仕事で元気は出ないもん**…』
　　「他の仕事にも～いろいろあるでしょう…？」と
　　　　つっこみを入れたいところを「グッ」と我慢して
　　「なぜ～そう思うの？」
『子どもといるだけで～**しあわせな気持ち**になれるから』とニッコリ笑う

さてさて～こういう保育士（の卵）を～目の前にして
　　＊『そう思えることはすばらしい！あなたにとって保育は**天職**だ！』と
　　　　肯定的に～とらえるのか…
　　＊『いやいや現実は～そんなに甘くないのよ』と
　　　　否定的に～思ってしまうのか…

あなたの子育て（保育）は…ハート（こころ）派？　マインド（頭）派？

確かに「子育て」や「保育」は　カンタンではありません
　　　カンタンの反対は～ムツカシイですが…
「子育ては～難しい！」と思うのを…「子育ては～奥が深い！」
　　　そう思ってみると～案外『**オモシロイ**』もの…かもしれません
例えば…　野球でもサッカーでも～始めた頃は『オモシロイ』
　　　ただ「ボール」を投げたり～蹴ったりだけのキャッチボールや
　　　ボールを追いかけ～カンタンなゲームを楽しむ頃は～**好き**がいっぱい！
ところが「ゲーム」が「**試合**」に…
　　「試合」が「**大会**」という名に～変わる頃（レベルがあがってくると）
　　　　どんどん～ムツカシクなってくる

どんなにがんばっても…レギュラーになれなかったり
　　　勝てない〜相手やチームが出てきたり…
『**困難**』に〜出合った時…
　　　それを〜ムツカシイと思う（**あきらめる**）のか
　　　　　それを〜**乗り越える**のを『**オモシロイ**』と思うのか…

好き！を見つける…

『**ムツカシイ**』ことを〜『**オモシロイ**』と思えるこころに…変えるには
　　　初心の「**好き**」が〜どれだけ『**深い**』かが…問題です
楽しく〜あそぶ力は
　　　「**好き**」と思える〜**ハート**（**こころ**）から始まります
　　　　　はじめに『こころありき』です…
保育や〜子育てを『**子どもの眼**』から〜考えてみましょう
　　　＊おとなが「**何を言ったか**」…（言葉を聞く）ことより
　　　＊おとなが「**何をしているか**」…（行動を見る）ことから
　　　子どもの（こころ）は動きます

「**子どもの側**」から〜動き始めた（こころ）は
　　　ムツカシイことに出合っても〜あきらめません
　　　　　自ら乗り越えよう『**オモシロク**』しようと〜努力や工夫をします
子育ては「**ムツカシイ**」ものです
子育ては「**奥が深い**」ですから…
　　　でも〜子育ては『**楽しいもの**』でもあるんです
「**ムツカシイ**」ものを「**楽しいもの**」に変えるには…
　　　カンタンです…「**好き！**」になればいいんです
「**好き**」で始めた（野球少年）は〜いくつになっても野球が「**好き**」で
　　　野球をする（見る）と「**元気**」がでます
『**子どもといると〜元気がでる…**』そう思える〜親や保育士と
　　　毎日〜いっしょに暮らせる（あそべる）子どもは〜**しあわせ**です

⑤人を『責める』より〜人と『いっしょ』に…

では〜子どもと関わる時…
　　どうすれば〜子どもが「好き！」をいっぱい見つけ
　　　　自ら**意欲的**に…あそんだり〜考えたりする
　　　　　『生きることの〜好きな子ども』に…育つのでしょう
それを〜考える前に…毎日〜子どもたちが見ている
　　私たちおとなの〜**生活**や**生き方**を考えてみましょう…

子どもでも〜おとなでも「**認めてもらう**」と嬉しいし…
　　認めてくれる人は「好き」になります
けれど〜毎日の生活の中…　子育てでも〜保育でも
　　「子どものため」と言いながら〜指示・命令・注意
　　　そして〜子どもの言動に対して「**責める言葉**」のなんて多いこと…
「**責める言葉**」は…何も子どもに〜むかってだけではありません
　　家族や親戚　近所や職場　園や学校　地域や社会・政治
現代人の（こころ）の〜**疲れ**や**ストレス**は
　　他人を「**責める言葉**」で〜**発散**しようとします
　　　　でも〜その言葉を「幼い子どもたちは」毎日〜**聞き続けて**いるのです

＊人の『せい』にしたり〜人を『責める』ことは
　　いずれ『人間関係』を破壊します
＊人の『おかげ』や〜人に『感謝』する生き方は
　　新しい『人間関係』を創造するのに…
いろんな「子どもの問題」が起こるたび
　　親が〜園を責めたり…　園が〜親を責める　家庭のせい…
　　　園や学校のせい…　社会や政治のせい…　時代のせい…
誰かの「せい」にしたって　そこからは〜何も生まれません
　　それを「**見ている**」子どもは〜こころが曇り…
　　　　それを「**聞いてる**」子どもの〜こころは傷つく…

それでも「**何も言えない**」子どもは〜こころを**凍らせ**〜ひたすら**耐える**
　　　　見ないふり〜聞かないふり〜**感じないこころ**を育てる
　　　　（そうしないと〜その場所（家）で生きていけない）
　　思春期になって「**感じないこころ**」が解け出した時（問題を**先送り**した結果）
　　　　「**子どもの問題**」は**大きく**・**深く**・**重く**なって現実になって表れる
　　　　　手がつけられない『**現実**』に出合って〜人は初めて**気づく**…

手を抜けば…手がかかる
　　決してサボったわけじゃない〜気がつかなかっただけ…でも**問題**は起きた
　　　できる範囲はがんばった…でも〜できる範囲を**変える努力**は…？
　　知らなかっただけなら〜（**知る**）**努力**をすればいい
　　　知ってるけど〜できなかったなら
　　　　できることを願い〜子どもといっしょに…**始めれば**いい
　　では〜今「幼い子ども」を育てている〜私たちにできることは何だろう…

『**子どもの眼**』から考えてみたい…
　　自分が（子どもだったら）してほしくないこと…イヤなこと
　　　　＊**まず〜人を責めない**（子どもは〜ぜったい聞きたくない）
　　　　　　自分が言わない！だけでなく（人が責めてる言葉も**聞かない**）
　　　　（テレビも含めて…**責め言葉にマヒ**しない！**責め言葉中毒**にならない！
　　　　テレビのお笑いで〜芸人を**イジル**言葉は〜**イジメ**の言葉
　　　　　毎日**聞いていると**…**マヒ**して子どもにも〜平気で言っているかも…）
　　具体的に…子どもの見ている（聞こえている）前で
　　　　＊**夫婦ケンカをしない**（**言い合い**も含めて…）
　　　　＊**園や学校の先生の〜悪口を言わない**
　　　　＊**友だちや家族の〜悪口をいわない**
　　子どもにとって「悪口」を聞かされた…お母さん（家族）や
　　　先生や友だちと…　今日もまた〜つき合っていかなければならない
　　　　そんな現実はつらい！（こころを〜凍らすしかない…）
　　『**責め言葉中毒**』にならない〜**意識**と**生活**をしましょう…

⑥便利の中の『不便』 豊かさの中の『貧しさ』

昔〜家庭の中心に『**おぜん**』という〜丸い折りたたみの「テーブル」が
あった頃… 夕方「おぜん」の上で〜宿題やおえかき
トランプや将棋をして〜あそんでいた子どもたちに…
母親の「もうすぐごはんよ〜」の声で
「おぜん」の上を**かたづける**〜**子どもの姿**があった

やがて「おぜん」の上に〜夕食が並び
子どもと親が「いっしょ」に〜ごはんを食べる
親子で…今日の昼間あった出来事を〜お互いが話し…
「**いっしょ**」に笑ったり〜驚いたり…**会話**がはずむ
夕食が終わると「おぜん」は〜たたんで…部屋の隅へ
そしてその部屋に〜ふとんを敷く（もちろん〜子どもも**家事**を手伝う）

こんな時代に…今のような「**注目**」を集める**行動**や
「安易」に自殺をする子どもは〜いたのだろうか…？
「ひとつの部屋」が…あそび部屋であり〜食堂であり〜寝室であった時代…
子どもは『**家族の一員**』としての**仕事**があり…
「**かたづけ**」や「**家事の手伝い**」は当然だった
生きることの「**楽しさ**」や「**喜び**」は
家庭の中で「**家族との暮らし**」の中で学んだ

そして〜その中心に『**おぜん**』は〜いつもあり
「おぜん」のまわりに… **家族が集まり**
「おぜん」のまわりに…「**語らい**」があった

家庭の中心から「おぜん」が消えた頃…子ども用の「**学習机**」が登場する
食事は「テーブル」で… 勉強は「学習机」で…
暮らしは**豊か**になり〜**便利**になっていく…

子どもは〜食事の**準備**も〜**かたづけ**もしないで
　　　「家の仕事」より…学習机に〜座っている子が「良い子」になった…

やがて〜部屋の片隅だった「学習机」は…「子ども部屋」へと移動し
　　　家族は分断され…　親子の『**語り合う**』の**時間**は〜減っていく…
それでもまだ…　テレビが「一家に一台」だった頃は…
　　　家族みんなで〜歌番組を見て
　　　　　親子「**いっしょ**」に〜ドラマを見て笑った
　　　あの頃は…　親子で歌える〜「**歌**」があり
　　　　　親子で見られる「**ホームドラマ**」がたくさんあった

そしてとうとう「子ども部屋」に〜**テレビ**が登場すると
　　　もう〜子どもは…リビングには出てこない
「一家に一台」の電話も〜**親子電話**になり
　　　そして「ひとり一台」の〜**携帯電話**の時代に…

親子の「**語らい**」の**時間**は〜極端に**減り**
　　　親は〜子どもの「**交友関係**」が〜わからなくなる…
　　　　　学校の「イジメ」の問題も「自殺」も
　　　　　「何故」するのか〜わからないのが当然（**会話がない**…）

親子が「いっしょ」に語ったり〜遊んだりする
　　「家族のこころがひとつ」になる「場所」と「時間」がなくなった…

『おぜん』　→　『学習机』　→　『子ども部屋』　→
　　『テレビ』　→　『携帯電話』　→　『パソコン…』

「**みんなの物**」から「**個人の物**」へ…
　　　この「豊かさ」や「便利さ」を〜元に戻すことは…難しい！

〜便利さの中の不便　豊かさの中の貧しさ〜

「生きるため」（食うため）に…　人は『働く』と言う
　　　父親は〜夜遅くまで働き…　母親も〜働きに出る
そして夕食の時間〜父親は残業でいなくなり…
　　　母親はパートでいなくなり…　子どもはひとりで**無言**の食事をする
「食うため」に…必死に働いたのに
　　　『**家族がいっしょ**』に…「食う時」が減っている…
「**家族の語らいの場**」が減った子どもたちは…　学校であった〜悲しいこと
　　　辛いこと…　**自分の能力**では〜**解決できない**ことを
　　　　いつ〜話したらいいのだろう…　誰に…？

もうひとつ…「**ふすま**」と「**障子**」のない家で〜育った子どもたちは…
　　　隣の部屋の…『**気配**』を感じる〜**経験**が少ない
人に〜**迷惑**を「**かけること**」も…「**かけられること**」にも〜**慣れて**いない
　　　その「**感覚**」が〜わからないまま…「おとな」になれば
　　　　電車の中で…化粧や〜大声で話をすることも〜平気になる
人に『迷惑』よりも…人に『不快感』を与えない…「感覚」の方が大切

毎日のように…**イジメ**や〜**自殺**のニュースが
　　　テレビや〜新聞で〜報道されています
　　　　　＊人を…殺したいくらい「**悔しい**」ことや
　　　　　＊自分のいのちを…殺したいくらい「**悲しい**」出来事を…
　　　誰だって「**体験**」することは…あります
けれど〜追い込まれて…　**直前**までは行っても
　　　最後の一歩は…　なんとか止まる！
　　　　それが「**想像力**」や「**生きる力**」でした

「**想像力**」が働かない！　「これ以上〜やったらヤバイ！」という
　　　「**加減**」**を体験**する〜機会が少なくなり

「人をイジメたり〜殺したり…」「自分が死んだら…」
　　どれだけ「**悲しむ人**」がいるのかが…
　　　　「**想像**」できない〜**環境**で育ってしまった子どもたち…
「この先〜どうなるか…」が「わからない」から…　人は〜不安を覚え
「この後〜どうなるか…」を「考えられない」から…　人は〜人を傷つける
　　自分のいのちも…　相手のいのちも…

週休二日制や〜ゆとり教育のせいで…「学力」が落ちたといわれる
　　でも「**学力**」の話をする前に『**人間力**』についてもっと考えてみたい
「**生きる喜び**」は…いつ〜どこで〜だれが…子どもたちに知らせるのだろう
　　いや…おとな自身の「生きる喜び」って何…　答えられますか？

生きることが〜好きになる…　教育（子育て）って？

　　そんな子育てをしたい！と…「みんな（おとな）が〜**想い**！」
　　　　「みんな（おとな）が〜**願い**！」「みんな（おとな）で〜**行動を起こす**！」
子どもを**救える**のは〜子どもを**とりまく**おとなの「**行動**」しかありません
　　「誰かがしてくれる」と〜**依存**するから
　　　　「してくれない」と〜**人のせい**にしたくなる

子どもが〜求めているものは「他の誰か…」ではなく
　　いつも…子どもの近くにいて〜話を聞いてくれる人

「おぜん」を買えば〜いいのではなく
　　「**モノ**」より「**こころ**」を通わす…『**環境**』や『**時間**』をつくること…
時代を元に戻す〜のでもありません
　　便利なものと〜どう「つき合う」かの問題…

親子が〜『語り合える』家庭
子どもと〜『語り合える』保育室
『語り合える』〜優しい時間の中で〜子どものいのちは育つ！

⑦『ただいま！』と『おかえり！』

昔〜子どもの「気持ち」を絵本にしようと
　　こんな「おはなし」を書いたことがあります
　　　　（ただ〜あまりにもリアルで　絵本には〜なりそうもありませんが…）

『ただいま！』　　　　　　　　　　おはなし　高橋のぶゆき
　　昔〜ボクが「ただいま！」と
　　　　家に帰れば「おかえり！」と〜家族の笑顔が待っていた
　　父さん母さん〜じぃちゃんばぁちゃん〜お兄ちゃんにお姉ちゃん
　　　　誰かの「おかえり！」の声が〜ボクを待っていた…

　　外でどんな「イヤなこと」や「ツライこと」があっても
　　　　家に帰って「おかえり！」の声と〜「笑顔」を見れば
　　　　　　疲れた「こころ」と「からだ」が〜ホコホコと癒された…

　　時が過ぎて…　じぃちゃんとばぁちゃんは〜田舎で暮らし
　　　　ボクたち〜家族は　町で暮らす「核家族」になった
　　やがて…　父さんは「残業や出張」で「家」に居なくなり
　　　　母さんも「パート」にでかけ
　　　　　　兄弟も〜それぞれ「塾」や「習い事」にでかけ…
　　ボクが〜家に帰っても…　誰も「おかえり！」と
　　　　言ってくれる人が〜いなくなった…

　　ボクの〜疲れた「こころ」と「からだ」は
　　　　ボクの〜内側に溜まってゆく…
　　やがて〜ボクは「家」から〜出なくなった（ひきこもり）
　　　　そして誰が（家族が）〜帰ってきても
　　　　　　「おかえり！」と〜言ってやらないと決めた…

やがて〜もっと年が過ぎ…
　　　ボクにも「好きな人」ができた…
そして〜ボクは…その人と結婚して「子ども」ができた
　　　ボクは…ボクの子どもに「おかえり！」と言ってやる
　　　　　「ただいま！」と帰ってきたら〜笑って「抱っこ」してやる…

☆反抗期の子育て！　を楽しむ☆

赤ちゃんの頃…　何から何まで〜親まかせだった子どもが
　　3歳の頃になると「自分でスル！」　できもしないのに「自分でスル！」
　　　『おとなから見れば〜反抗期　子どもから見れば〜自立の一歩！』

10歳の頃…　友だちとの約束が〜親との約束より　値打ちを持ち
　　秘密を持って…自分たちの力で〜いろいろやろうとスル「ギャングエイジ」
　　　『おとなから見れば〜反抗期　子どもから見れば〜自立の一歩！』

中学生の頃…　やたらおとなにあこがれて　おとなのマネして〜背伸びして
　　できもしないのに〜やってみて　失敗して〜怒られて…それでもまたスル
　　　『おとなから見れば〜反抗期　子どもから見れば〜自立の一歩！』

『**反抗期の子ども**』と思うのか…　『**自立の一歩**』と思うのかによって
　　　子どもを…「叱る」か「ほめる」かが…変わってきます
いや「**叱る**」ではなく…『**知らせる・伝える**』
　　　「**ほめる**」ではなく…『**認める・喜ぶ**』
　　　　　この言葉の方が…子どもには〜わかりやすいですね…

この「**しあわせスイッチ**」を〜**プラス**に入れれば…
　　　子どもと〜おとなの「いい関係」がつくれます
子どもは『**元もと〜みんないい子なんです！**』
　　　「**しあわせスイッチ**」のボタンは〜みんなが**両方**持っているのです

⑧結婚するなら～絵本を読んでくれる人と…

上の娘が～もうすぐ20歳という頃…どこで調べるのか
　　　毎日のように～呉服屋さんから（振袖のセールスの）電話…
この子が～生まれた年「おひさまぐる～ぷ」という名の「幼児園」を
　　　個人立で始めて…　園の歴史が～娘の成長と共にある

その娘は…「音楽療法」の道をめざし～大学に通っている
　　　（家が…園をしているので～子どもの頃から～園を継ぐの？
　　　　　そう言われるのがイヤで～自分の道を探している…）
もうひとり～下の娘は高校生で受験生
　　　こちらは…保育士になりたい！と～保育系の大学をめざす
　　　　同じように育てたつもりが～性格も生き方もちがう

さて～そんなふたりの娘にも…それぞれ彼氏がいて
　　　それがまた～全然ちがうタイプだからおもしろい
いつか結婚して～我が家を出て行く娘に…
　　　保育を「仕事」としている～父親から「小さな遺言」のつもりで
　　　　「結婚するなら～絵本を読んでくれる人と…」 と言っている

結婚する前は「男と女」だけど…
　　　結婚して～子どもができると「父親・母親」になる
子どもに対する～夫婦の **「想い」** とか **「感性」** とか
　　　「価値観」 がズレると～子どもも家庭も～不幸になる…
恋愛・結婚と「夫婦ふたり」の時は～きっと仲がよいだろう
　　　（男と女の間は～よかった…）
でも～子どもができて「女は～母親になっていく」のに
　　　男は～彼女が自分のことを「かまってくれないのが気に入らない！」
　　　　　では～父親になりきれていない…

その小さな「すきま」や「ミゾ」が…
　　　子どもの年齢と共に…どんどん大きくなるような〜夫婦では困る
そういう家庭では〜母親はひとりで「子どもの問題」を背負い込む…
　　　そして〜ひとり落ちこんでいく（育児ノイローゼ…）
一方…男の方は「子育ては〜女の仕事！」などと言い
　　　仕事や〜あそびに逃げていく…（家に帰らなくなる）

子どもを「**育てる楽しみ**」を…『**共感**』したり〜『**共有**』できる夫婦なら
　　　『**子どももしあわせ！**』『**家族もしあわせ！**』
結婚する前に…それがわかれば〜いいんだろうけど
　　　結婚する前…　男は〜女を（母親になる人）と思って見てはいない
女も〜男を（どんな父親になって〜どんな子育てをしてくれるんだろう）
　　　なんてことは〜考えないで…
　　　　　　独身時代の『私』に「優しい」だけで〜結婚してしまう
子どもができて「母親」になった『私』を「いっしょ」に愛してくれる人
　　　それが「**結婚する人**」と…「**恋愛する人**」のちがい

では〜どうやって見分ければいいのか…　ふたりの娘には
　　　「どんな人を連れてきても〜あなたが選んだ人だから反対はしないけど」
　　　　　「結婚するなら〜絵本を読んでくれる人と…」と話している
その「絵本」の読み方が…　将来〜父親になった時
　　　「**子どもに〜絵本を読んでいる**」姿だろうし…　その読み方が
　　　　　「**心地よい**」人なら　あなたも〜子どもも「**しあわせ**」だろう
逆に「読んで」って言った時…　テレたり〜イヤがって…
　　　どうしても〜読んでくれない人なら…　後から〜後悔するかも…

でも〜まあ…　それも含めて〜どんな人を選ぶかは〜本人しだい…
　　　未来の親が「**アンダー10の子育て**」の期間に〜どう育てられたか…
『**絵本**』を毎晩〜眠る前に…　読んでもらって育った子どもは…
　　　その『**喜び**』と『**楽しみ**』と『**しあわせ**』を…知っている

⑨子どもを『見ていた』つもりが〜見られていた…

親の言う通りには〜育たないが…　親の生きたように〜育つ子ども

ある日…大学から帰ってきた上の娘と〜ふたりで夕食を食べていた時…
　　　「今日〜帰りの電車でね…」と娘が〜話を始めた
　　　　　（彼女は自宅から大学まで〜２時間少しをかけて通学している…）
「今日の電車は空いていて…座って帰れたので〜途中眠っていたら…
　　　○○駅でお爺さんが乗ってきて『そこは年寄りの席やろ！』と言われた
気がつけば〜確かにそこは優先座席で…　わたしと〜隣に座ってた
　　　30代のＯＬ風の人とが…同時に席を立って〜替わったんだけど…
わたし〜大学に通いだした１年生の頃は…　優先座席に座ったことなんか
　　　一度もなかったのに〜２年生になってから
　　　　　（疲れた帰りには〜）座ってることが〜時々あって…
あのお爺さん〜確かに言い方はきつかったけど…わたしにそのことを
　　　気づかしてくれた〜そう思うことにしてん…」と話してくれた

我が家では…夕食はできる限り〜**家族いっしょに食べる**ことにしている
　　　そして〜食事中は**テレビは消して**あるので〜その日あったことを
　　　　　お互いが話す〜という**習慣**（暮らし）が…今も続いている
その**会話**の中で…**親**の**好き**なこと〜**嫌い**なこと…
　　　人の見方や〜つき合い方　生き方まで〜聞いている…

その話が〜知らず知らずのうちに…娘の「**こころの中**」で
　　　生き方（**価値観**）の「**材料**」になったり〜「**種**」になっている
　　　　　それが**年齢**と共に…少しずつ「**芽**」を出し…「**形**」に表れる
子どもは〜まさに　**親**の『**鏡**』（**生き写し**）であり
　　　親の〜話した「**言葉**」だけでなく…
　　　　　「**行動**」や「**価値観**」や「**生き方**」まで〜**似てくる**

よく言われる言葉に…
　　＊子どもは　親の言う通りには　育たないが
　　　　親の生きたように　育つ！
　　　　　というのが〜ありますが…

　　＊子どもを〜見ていたつもりが
　　　　子どもに〜見られていた！
　　　　　ということに〜気づかされることが…
　　　　　　　　子育てをしてても〜**保育**をしてても…よくあります
　　　　そう思いながら…今日も子どもとあそんでいます（見られている…）

☆子どもの時間〜いのちの時間☆

子どもの時計は〜いのちの時計
　　おひさまのように　あふれる笑顔で〜ゆっくり動く
子どもの時計は〜いのちの時計
　　お月さまのように　毎日〜変わる〜進化する
子どもの時計は〜いのちの時計
　　誰かに〜見つめてもらうと　げんきあふれて〜楽しく動く

私たちおとなは…「**子どもを育てている**」のではなく
　　子どもたちが『**いのちを育てている**』時間を…
　　　　そばにいて〜眺め〜寄り添い〜共有して
　　　　　笑ったり〜驚いたり〜感動して〜暮らしています
おとなだけの世界（自分ひとりの〜**生活**や**人生**）では
　　経験できないような『**喜びの時間**』や『**しあわせな時間**』を
　　　　子どもと「**暮らす時間の中**」で…いただいているのです
子育ての「**時間**」や「**時期**」は…
　　子どもの『**いのちの時間**』と〜いっしょに『**生きている時間**』
　　　　長いようで…あっという間の〜短い期間を〜楽しまなくちゃ！

⑩優しさは人を守り～厳しさは人を育てる

自然は～守るものでなく（そんな傲慢な…）
　　　自然に～守られている！（それに気づくこと…）
自然の方に～**守っていただいている**…現実が見え～想像すると
　　　自然に『**感謝する**』暮らしが～始まります

自然の中へでかけると～花や虫・森や鳥…
　　　いろんなもので～癒されたり…『**優しい**』気持ちになれたりする
けれど～自然は…優しいだけではなく…『**厳しい**』一面も持っている
　　　大雨や嵐の日も～もちろんある
　　　　　けれど～その**厳しさ**に…樹は**根を～深く張る**
　　　「**表面をなでる**」ような～種まきではなく…
　　　　　「**土を掘り起こした**」方が～作物はよく実る

人間も「優しさ」は～もちろん大切だけれど
　　　優しいだけでは～生きていけない…
　　　　　それに「**優しさ**」と「**甘さ**」は別のもの…
厳しさを持った～親父が減り
　　　「**優しい**」というより…「**甘い**」父親が増えつつある
家庭で『**厳しさを～知らない**』子どもや…
　　　『**厳しさを～乗り越える**』体験をしないまま～育った子どもが
　　　　　社会にでたら…その子が苦労をする
「**根っこ**」を…深く張らないまま～大きくなった樹のように…
　　　一見大きく育ち～立派に見えても…
　　　　　少しの風で…折れる～倒れるでは困る

『**厳しい**』と『**恐い**』もちがう
　　　「**体罰**」だけではなく…「**言葉の暴力**」も含め
　　　　　力任せの～強引な子育てや～教育は勘弁してほしい

「甘い」ではなく『**優しい**』
「恐い」ではなく『**厳しさ**』のある〜子育てを考えたい

〜優しさは人を守り〜厳しさは人を育てる〜

優しさとは… 信じること〜待つこと
　　寄り添うこと〜いっしょにあそぶこと
厳しさとは… （愛情のある厳しさとは…）
　　子ども自らに…**体験**させること〜**乗り越え**させること
　　成長を…**願って**励ますこと〜**あきらめない**こと

子どもがいるから…
　　子育てや保育ができる〜喜びや楽しみがあります
「**子どもを〜育てる時間**」は
　　『**子どもが〜育っていく時間**』でもあります
子どもの「**いのちの時間**」を… 親や保育者は「**預けられて**」いるのです
　　大切な〜大切な「**いのちの時間**」を
　　　　いっしょに生きる（共有）時間は〜『**しあわせ時計**』の時間です

子どもと〜生きる時間が『しあわせ時計』の時間

子どものおかげで〜いろんなことに気づきます
　　『**笑顔**』が〜**プレゼント**であること…
　　『**自然**』が〜**友だち**であること…
　　　　自分が…**相手を**『**想う**』以上に…
　　　　　　相手が…自分のことを**想ってくれて**いること…

そういうことに〜気づいたり〜想像できる人は
　　きっと『**しあわせ時計**』の時間が流れて
　　　　生きることや〜**子育て**が〜**楽しく**なるでしょう…

⑪『育ててもらった』想い出…

『育てる』と『育てていただく』
　　この（おとな側）と（子ども側）の〜
　　　　見方や〜気持ちのちがいを…もう一度考えてみましょう
　　親や〜保育士・教師という〜仕事をしていると
　　　　『育てる』という（おとな）の立場から（子ども）を見ています
　　そうすると（子ども側）の**意見**や**気持ち**より…
　　　　『育てる』や『教育』の考えが〜優先してしまい
　　子どもが（どう感じ〜どう思っているか）は…後回しに〜なることが多く
　　　　気がつくと「それが〜あなたのため！」なんて言ったりしてる…

　　子どもの眼から…『育てる』を〜考えてみると
　　　　『育ててもらう』ということになります
　　子どもは〜どんなふうに**『育ててもらった』**時…
　　　　嬉しかったり〜やる気が出るのでしょう
　　まず〜**好き**な人の…言うことは〜素直に聞きます
　　　　好きな人は…自分を**認めて**くれる人です
　　自分を認めてくれる人は…　自分と**いっしょ**に〜**あそんで**くれる人です
　　　　いっしょにあそぶ（**体験**をした）人は
　　　　　　難しいところや〜**努力**したところが見えています
　　結果は（目に見えてる部分）できていなくても…
　　　　ここまでがんばった（**加点方式**で）本人の努力を
　　　　　　いっしょにあそんだ人は〜**認めて**くれるのです

喜びの共有！　悲しみや〜悔しさの共有！
　　『**感動の共有**』『**情緒の共有**』をしてくれた人は〜好きです
　　　　いっしょに〜あそんだ（体験した人の）想い出は…
　　　　　　いくつになっても…それを思うたび〜嬉しくて
　　　　　　　　『しあわせな風景』と共に〜元気を与えてくれます

ある日〜九州熊本に講演（研修会）に行きました
　　　『見る・聞く・考える力を育てる〜あそびの保育』をテーマに
　　　　　積木はもちろん〜絵本や手あそび・おえかきなど…
毎日の保育の中での〜活動（＝あそび）の中で
　　　子どものこころに…**『見る〜聞く〜考える』**ことが**好き**になる
　　　　『あそびの保育』を〜**実践**を交えてお話しました

さて〜熊本と言えば阿蘇山
　　　ここには昔〜高校の修学旅行で来たことがあります
修学旅行…　みなさん〜それぞれの「想い出」が〜あると思います
　　　私は…小学校は〜伊勢　中学校は〜富士山と東京　高校は〜九州でした
子どもの頃に〜先生に連れて行ってもらった所へ
　　　おとなになって〜自分の車や電車で行ってみる
あの頃…とっても「**遠く**」に思っていた所が〜案外近かったり
　　　とっても「**大きく**」感じたモノが〜意外と小さかったり
　　　　　そんな〜経験はありませんか…？

それから〜想い出の場所に行ってみて〜時間と共に…
　　　目に見える『風景』は…確かに〜変わってしまったのですが…
あの頃の…友だちの**笑顔**や〜**感動**した出来事は
　　　今でも〜こころの中に**『しあわせの風景』**として残っています

日頃の生活で〜忘れていた**『しあわせ貯金』**を
　　　何かをきっかけに「想い出す」時があります
それは…**『いっしょ』**に〜何かを**体験**したり
　　　何かを**共有**した人の〜**『想い出』**の中から現れます
あの時**『教えてもらった』**先生の言葉や…　**『育てていただいた』**〜
　　　出来事の中で…　自分が嬉しかった**『育て方』**や**『教え方』**を
　　　　　自分が（おとな）になった時…　子どもにもしてあげたい…
　　　　　　　そういう**願い**の**『保育の話』**をしてきました

『積木あそび』ひとつをとっても…
　　　　　　子どものこころに「**好き**」「**楽しい**」「**おもしろい**」というこころを育てる
　　　　　　具体的な「**あそびの実践講座**」をしました

そこで〜まず（子どもの〜そばにいる）おとなが…
　　　　　夢中になって〜その**あそび**（**＝活動**）を
　　　　　　楽しそうにしている姿を〜**見せる**ことが大切です
その姿を見て〜子どもは『**あこがれ**』ます
　　　　　この「**あこがれ**」こそが〜子どもの**成長のエネルギー**です

ところが…この「**あこがれる人**」が
　　　　今の子どもたちには〜少ないのではないでしょうか…
大きくなったら…「○○みたいになりたい」そういう…
　　　　　「あこがれ」の存在がないまま〜思春期をむかえた子どもは
　　　　　　　表面的なファッションの世界に「あこがれもどき」を求める…

みんなが持っている〜同じモノをほしがり
　　　　みんながしている〜同じ化粧をする…
おとなから見れば…どの子も同じ〜のっぺらぼうの顔が
　　　　子どもから言えば…みんなと同じ！でいることで
　　　　　　自分のこころを〜安心させ〜存在させる（そうです…）
幼い日に…いろいろ**あこがれ**〜**努力**し**チャレンジ**する…
　　　　挫折もした子どもが〜経験の中で…自分を作っていけば
　　　　　　ひとりひとりちがう『**人生観**』の若者に〜育っていくが…
あこがれも〜努力も〜あそびも〜経験もなく…育てば
　　　　のっぺらぼうの〜同じファッションの若者が作られる

今からでも〜遅くはない…『**あこがれ**』の人を〜見つけてみよう
　　　　あの人みたいになりたいと…
　　　　　　チャレンジしたり…**努力**して〜**成長**していこう

自分が…何か困った出来事に〜出合った時
　　　（あの人なら〜どう乗り越える？）と**想像**してみよう
『**あこがれの人**』のパワー（**考え方**や**生き方**）を借りて
　　　今までの〜自分にない『**発想**』を〜考えてみよう…

もっと〜いいのは（おもしろいのは…）
　　　タイプのちがう（仕事や〜ジャンルのちがう）
　　　「**あこがれの人**」を〜**3人**くらい持ってみる…
ひとりの「あこがれの人」より
　　　ちがう答えや**方法**が見つかる…そうすると〜**選択肢**が増える
　　　　　○か×の（どっちかだけの）答え〜ではなくなって
　　　　　　　いろいろのバージョンが〜選べると幅ができる…
　　＊頭が〜柔らかくなる
　　＊心が〜優しくなる

自分が『**育ててもらって**』嬉しかったり…
　　　生きる勇気をくれた…『**あこがれの人**』
あの人のように…今度は〜自分が
　　＊笑顔を〜配る
　　＊優しさを〜配る

今日から〜今から…　自分ができることから〜始めてみよう
　　　いつか〜自分にしかできないことが〜見つかれば
　　　自分はもう（のっぺらぼうではない）**世界でひとり！の自分**になれる
もう一度〜幼い頃〜学生の頃〜新卒の頃…の
　　　自分を『**育ててくれた人**』のことを想い出してみよう
いろんな人の**笑顔**と〜いろんな人の**優しさ**をもらって…**今の自分**がある
　　　子どもを育てている「生活」は〜そのことに気づくチャンス！
　　　　『**しあわせは気づくもの**』やっぱり〜そう思う！

⑫また～新しい春がきて…

季節が～ひとつ変わるたび
　　　　新しい～何かを始めよう！　新しい～自分を発見しよう！
　春４月～新入園の**子どもと親**（家族）が…　**新しい仲間**になる季節
　　　さぁ！　今年は～この子ども（親子）たちと…新しいクラス（１年）を
　　　　作っていこうと…　**希望に燃える**～**先生**もいれば
　　　ワクワク・ドキドキ～**期待**と**不安**いっぱいの中
　　　　　『**はじめの一歩**』から～歩き始める…**親子**もいる

　新卒で…保育の仕事を～始めた頃は
　　　新入園の子どもや親と～同じように…手探りで～毎日が**新鮮**だった
　不安や**失敗**も～たくさんあったけれど
　　　失敗した分…　**成功した時の喜び**が～大きかったり
　　　子どもといっしょに…**驚いたり**～**感動**したり　心の底から**笑ったり**と…
　　　　まさに～子どもといっしょに～**喜びや悲しみ**を『**共有**』していた

　ところが…春夏秋冬「**１年という山登り**」の体験を
　　　何年～何十年と…**くり返し**～**経験**する中で
　　　　『**あたりまえ**』になってしまうことが～多くなる
　　　＊**何歳児だから**…これぐらいできて『**あたりまえ**』
　　　＊**親なんだから**…これくらいやって『**あたりまえ**』

　新卒の頃…（できない）子どもや（わからない）親と
　　　いっしょになって…　**悩んだり**～**考えたり**～答えを**探して**いたのが…
　　　　いつの間にか「どうして～これくらいのことが…」と
　　　＊**できない子ども**を～責めたり
　　　＊**できない原因**を～親にむけたり…
　「**知識**」が増えた分～「**要求**」のハードルが高くなる…
　　　相手は～毎年「**はじめの一歩**」からのスタートなのに…

ベテランと初心者が〜いっしょに山登り…

山登りに例えると… 先生は（春夏秋冬という山）に
　　１年かかって〜山の頂上まで登る！体験をします
　　　　それも…毎年〜何度も**くり返し**〜登っています
けれど〜今年春（４月）入園した親子は
　　一合目からの〜**はじめての山登り**…初心者です

『ベテラン』と『初心者』が〜いっしょになっての
　　合同の「山登り」が…『保育』だと考えてみると
新入園（**初心者**）の親子は…先の読めない（見えない）道を歩くので…
　　『**不安**』もいっぱい〜なかなか先へは進めない
　　　　スピードも出ないし〜**転ぶこと**（**失敗**）も多い…
一方ベテランの先生の方は　何回も〜登っているので「道」にも詳しく
　　『**知識**』も『**体力**』もあるので〜どんどん先へ行く
あきらかに…一歩一歩の『**進み方**』（**歩き方**）がちがうので
　　気持ちも離れてゆく…　それで〜お互い楽しくない

保育者の仕事は『子育ての道先案内人』

では〜どうすれば…　いっしょに楽しめるのでしょう
　　初心者には『**道先案内人**』がいると〜心強いものです
不安な**気持ち**を〜**理解**してくれたり…
　　歩くスピードを合わせたり〜待ってくれたり…この「道」の先に
　　　　あるものや〜**楽しみ方**を紹介してくれると〜勇気がでます
そんな先生に〜出合えた親子は…きっと「山登り」が楽しくなります
　　少々〜困難な道も**勇気をだして**…トライする力が湧いてくるでしょう

山登りが好きになることは〜**園が好き**になること！　未知の世界に〜
　　トライすることが〜好きなことは…生きることが〜好きになること！
子育ての道先案内人とは…相手に〜何かを（一方的に）させる人ではなく
　　いっしょに歩き〜喜びを「共有」してくれる人です

庶民の言葉で話して…
　　道先案内人は… その道のプロであり『専門家』です
　　　　けれど初めて〜山登りをする親子は『素人』です
　　政治家や〜医者や〜教師など「先生」と呼ばれる人は
　　　　とかく『専門用語』を使います
　　その世界（同じ業界）の人には〜馴染みがあり
　　　　お互い〜理解しやすい「専門用語」も
　　　　　それ以外の人には〜わかりにくいもの…

　　『専門用語』を並べ立て… 一度にたくさんの課題を
　　　　出されたら〜何もできなくなってしまいます
　　新入園の親子でもわかる「誰にでも〜わかる内容」の話を
　　　　「誰にでも〜わかりやすい言葉」で語る…

　　　　　ムツカシイ！ことを… カンタン！に
　　　　　カンタン！なことを… 深く！
　　　　　深い！ことを… おもしろく！

　　そんなふうに〜語れる先生のまわりには…笑顔があふれます

親は子どもの『道先案内人』
　　親もまた〜子どもの「道先案内人」になります
　　　　子どもが…とてもひとりでは〜行けない所でも
　　親が子どもの「道先案内人」になれば…
　　　　いろんな所に「冒険」に〜でかけたり
　　　　　「体験」の数だけ〜子どもの世界がひろがります
　　　　　　（絵本の世界も〜そのひとつです…）
　　海や山〜自然の中への「おでかけ」も大事ですし…
　　　　電車やバスなど〜公共の乗り物に乗ることも大切です
　　　　　（家の車なら…座席でお菓子を〜食い散らかしたり…
　　　　　　靴のまま立ったりすることも〜公共の乗り物ではＮＧ！）

もっと身近なこと（体験）では…
　　市役所や銀行・図書館〜それに市場などにでかけ…
　　　　その場所の〜**空気（雰囲気・気配）を感じる**ことや
　　　　その場所に〜適した**行動**をとれることも大事です
体験したことが『**子どもの内面**』を育てていきます
　　また〜その時「**いっしょに**」行動を共にした
　　　おとなの〜立ち振る舞いを見て…
　　　　　子どもは「**感性**」や「**感覚**」を育てていきます

子どもと「いっしょ」に〜すごす時間（期間）は…
　　過ぎてから〜気がつくのですが…　**案外短い**のです

子どもを育てる期間は〜子どもの**いのちの時間**を
　　「**いっしょ**」**に生きる時間**です
子どもの『**笑顔**』を見ると〜おとなの**こころ**は**癒さ**れます…
　　そして…その笑顔の**元**は…**あなたの笑顔**です

♪あなたの〜笑顔みてたら　げんきがからだにあふれて
　　さむい〜冬の朝にも　いいこと〜ありそうな気がする

あなたの〜笑顔みてたら　こころに〜勇気が生まれて
　　どんな〜つらいことでも　なんだか〜やれそうな気がする

冬が〜きたら　もうすぐ〜春だ
　　『三寒四温』と　昔の人はいうけど…

いいこと〜イヤなことが　生きてりゃ〜いっぱいあるでしょう
　　いろいろあって〜そのうち　だんだんよくなってくるんだね♪

（♪子どものうた（オリジナルソング集）♪『**あなたの笑顔みてたら**』楽譜 P125 参照）

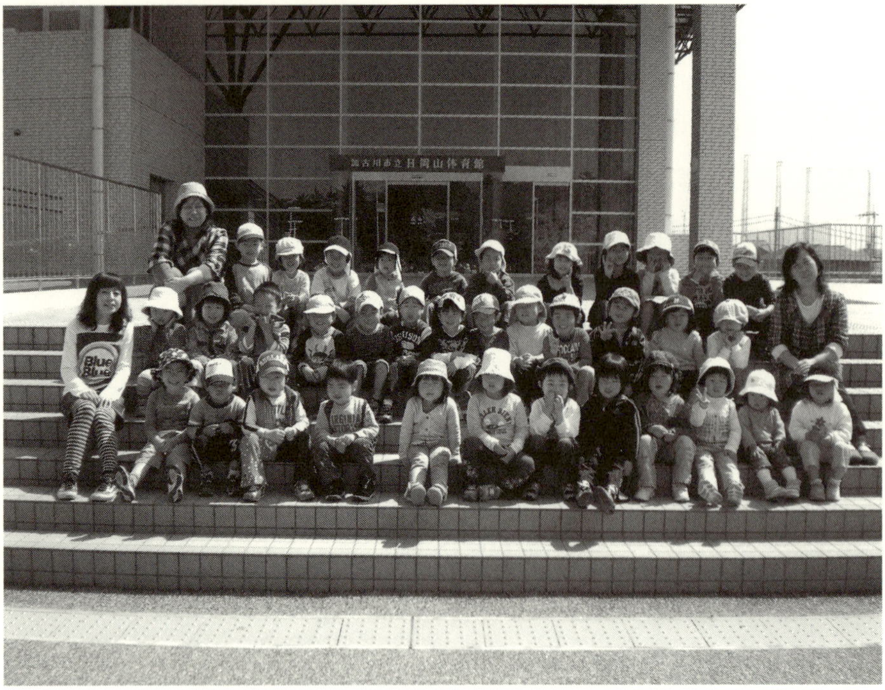
加古川市立日岡山体育館

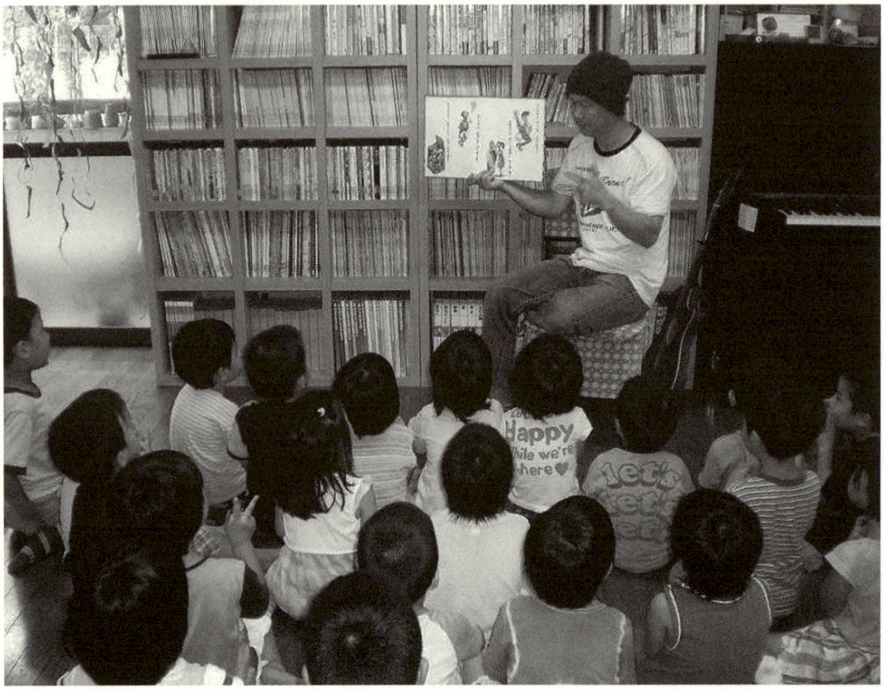
Happy
while we're
here

109

子どものうた（オリジナルソング集）

【勇気をだして】

はじめて〜であった　あの日から

　　なにかが〜始まる　気がしてた

はじめは〜ムツカシク　思えたことが

　　続けて〜いるうちに　カンタンになった

無限の〜可能性が　あるのが子ども

　　転ぶたび〜笑って　また始める

勇気をだして　歩いてみようよ

　　自分を〜信じることから〜始めよう

勇気をだして　試してみようよ

　　あそんだ〜かずだけ…

　　世界が〜友だちがひろがる

勇気をだして

作詞作曲/高橋のぶゆき

はじめて であった あのひから ―
なにかが はじまる きがしてた ―
はじめは むつかしく― おもえた ことが ―
むげんの かのうせいが あるのが こども ―
つづけて いるうちに かんたんに なった ―
ころぶたび わらって― また はじーめる ―
ゆうきを だして― あるいて みようよ じぶ
んを― しんじる― ことから はじめよう ―
ゆうきを だして― ためして みようよ あそ
んだ― かず だけ― せかいが― とも だちが ひろがる

子どものうた（オリジナルソング集）

【おはようのうた】

　　　　大きく～いきを　すいこんで

　　　　　大きな～声で　おはよう

　　　　おひさま～ニコニコ　笑ってる

　　　　　今日の～はじまり　おはよう

　　　おはよう　おはよう

　　　　　だれとでも　おはよう

　　　おはよう　おはよう

　　　　　友だちになろう（おはようさん♪）

おはようのうた

作詞作曲/高橋のぶゆき

おおきくいきを すいこんで おおきなこえで おはよう
おひさまニコニコ わらってる きょうのはじまり おはよう
おはよう おはよう だれとでも おはよう
おはよう おはよう ともだちに なろう おはようさん

子どものうた（オリジナルソング集）

【夜8時に…】

夜8時に…　眠っている子は

　　朝から〜げんきな子どもです

おはようござる〜ニコニコ笑顔で

　　あいさつできる子〜ステキです

朝ごはん〜モリモリ…

　　朝からウンチ〜ブリブリ…

こころもからだも〜やわらかく

　　朝から歌を〜うたいましょう

こころもからだも〜やわらかく

　　朝からたいそうを〜始めましょう

夜8時に…

作詞作曲/高橋のぶゆき

よるはちじ に ねむっているこは あさからげんきな こどもです
おはようござ る ニコニコえがおで あいさつできるこ すてきです
あさごはん モリモリー あさからウンチ ブリブリー
こころもからだも やわらか ー く あさからうた を うたいましょう
こころもからだも やわらか ー く あさからたいそう を はじめま
しょう

子どものうた（オリジナルソング集）

【笑ってあそぼ！】

　　　　笑った〜顔が　好きだよと
　　　　　　子どもも〜おとなも　思うけど
　　　　笑った〜こころで　あそんでる
　　　　　　楽しい〜気持ちが　いちばんさ

　　　　笑って（ヘヘィ）　笑って（ヘヘィ）
　　　　　　笑って〜いっしょに　あそぼ！
　　　　笑って（ヘヘィ）　笑って（ヘヘィ）
　　　　　　笑って〜みんなと　あそぼ！

【歩こう〜歩こう！】

　　　　歩こう〜歩こう　前むいて　歩こう〜歩こう　元気よく
　　　　　　ぼくらの〜前には　道はない　歩いた〜あとが　道になる

　　　　歩こう〜歩こう　うで振って　歩こう〜歩こう　足あげて
　　　　　　ぼくらの〜前には　道はない　歩いた〜あとが　道になる

　　　　歩こう〜歩こう　雨の日も　歩こう〜歩こう　風の日も
　　　　　　ぼくらの〜前には　道はない　歩いた〜あとが　道になる

　　　　歩こう〜歩こう　どこまでも　歩こう〜歩こう　夢もって
　　　　　　ぼくらの〜前には　道はない　歩いた〜あとが　道になる

笑ってあそぼ！

作詞作曲/高橋のぶゆき

わらった かおが すきだよと こどもも おとなも おもうけど
わらった こころで あそんでる たのしい きもちが いちばんさ —
わらって ヘヘィ わらって ヘヘィ わらって いっしょに あそぼー
わらって ヘヘィ わらって ヘヘィ わらって みんなと あそぼー

歩こう〜歩こう！

作詞作曲/高橋のぶゆき

あるこう あるこう まえむいて あるこう あるこう げんきよく
ぼくらの まえには みちはない あるいた あとが みちになる

子どものうた（オリジナルソング集）

【まちがえたって　いいじゃない】

　　　まちがえたって〜いいじゃない

　　　　　いろんなことが〜あるじゃない

　　　まちがえたって〜いいじゃない

　　　　　そのたび〜こころが〜強くなる

　　　かなしいときには〜泣けばいい
　　　　　笑っておこって〜ふくれて
　　　いろんなことが〜あるたび
　　　　　そのたび〜こころが〜深くなる

　　　寝転んだって〜いいじゃない
　　　　　青空おひさま〜みえるから
　　　見えないものが〜みえるとき
　　　　　そのたび〜こころが〜ひろくなる

　　　夢をみたって〜いいじゃない
　　　　　いろんな夢を〜みたいな
　　　でっかい夢を〜みるとき
　　　　　そのたび〜こころが〜ふくれてく

まちがえたって いいじゃない

作詞作曲/高橋のぶゆき

ま－ちがえたって いいじゃない い－ろんな ことが あるじゃない ま－ちがえたって いいじゃ ない そ－のたびこころが つよくなる Ho Ho Ho

か なしいときには なけばいい わ－らっておこって ふくれて－ い－ろんな ことが あるたび－ そ－のたびこころが ふかくなる Ho Ho Ho

子どものうた（オリジナルソング集）

【静かに眼を…】

静かに〜眼を…とじてみよう

　　なぁにが〜聞こえる　見えるかな

みどりの〜はっぱと　あおいそら

　　おひさま〜いつも　笑っているから…

静かに〜眼を…とじてみよう

　　なぁにが〜聞こえる　見えるかな

絵本を〜読んだり　歌ったり

　　優しい〜時間が　流れているから…

静かに眼を…

作詞作曲/高橋のぶゆき

しずかに めを とじて み よう

なぁ ー にが きこえる みえるか な

みどりの はっぱと あおい そ ら

おひさま いつも わらって いるから

しずかに めを とじて み よう

なぁ ー にが きこえる みえるか な

子どものうた（オリジナルソング集）

【雨の道を…】

雨の道を　ゆっくり〜歩いて

　　池を見れば　水の輪〜クルクル

アメンボ　ザリガニ　オタマジャクシと

　　メダカに〜カエル　楽しく〜あそんでる

いろんな〜ところで　いろんな〜ものが

　　いっしょうけんめい　生きている

ぼくらは〜ぼくらの　力を〜だして

　　なんでも〜かんでも　やってみよう

生きてるって〜いいことさ

　　生きてるって〜すばらしい

生きてる〜いのちをはずませて

　　雨の中でも〜あそぼうよ

雨の道を…

作詞作曲/高橋のぶゆき

あめの― みちを― ゆっくり あるいて
いけを― みれば― みずのわ― クルクル
アメンボ ザリガニ― オタマジャクシ と
メダカに― カエル― たのしくあそんで る
いろんなところで いろんなものが いっしょうけんめい いきている
ぼくらはぼくらの ちからをだして なんでも かんでも やって み
よう ― いき てるって いい こと さ
いき てるって すばらしい いきてるいのちを はずませて
あめの なかでも あそぼ う よ ―

子どものうた（オリジナルソング集）

【あなたの笑顔みてたら】

　　　あなたの〜笑顔みてたら
　　　　　げんきが〜からだにあふれて
　　　さむい〜冬の朝にも
　　　　　いいこと〜ありそうな気がする

　　　あなたの〜笑顔みてたら
　　　　　こころに〜勇気が生まれて
　　　どんな〜つらいことでも
　　　　　なんだか〜やれそうな気がする

　　　冬が〜きたら　もうすぐ〜春だ
　　　　　『三寒四温』と　昔の人はいうけど…

　　　いいこと〜イヤなことが
　　　　　生きてりゃ〜いっぱいあるでしょう
　　　いろいろあって〜そのうち
　　　　　だんだん〜よくなってくるんだね

あなたの笑顔みてたら

作詞作曲/高橋のぶゆき

あなたのー えがおみてたらー げんきがからだにあふれて さむい ふゆのあさにもー いいことありそうなきがする あなたのー えがおみてたらー こころにゆーうきがうまれて どんな つらいことでもー なんだかやれそうなきがする ふゆが きたらー もうすぐー はるだー さんかんーしおんとー むかしのひとはいうけど いいことー イヤなーことがー いきてりゃいーっぱい あるでしょう いろいろー あって そのうちー だんだんよくなってく るんだねー

あとがき

☆夢もやってしまえば〜現実！
　今から20数年前『**おひさまぐる〜ぷ**』という〜個人立の園を始めました
　「おひさまぐる〜ぷ」というのは…神戸で〜保父（保育士）として
　　　働いていた私が…「自分の園を創りたい！」と思い
　　　　明石の自宅を開放して始めた…小さな園（3〜5歳の幼児園）です
　もしも…私が**子どもだったら**…（園児だったら…）
　　　　＊こんな〜**園に通いたい**…
　　　　＊こんな〜**保育をしてほしい**…
　　　　＊こんな〜**先生がいてくれたら**…
　毎日〜**おでかけ**のある園がいい！（青空歩育＝いっしょに歩いて育つ！）
　　　自然の中で…友だちとあそび〜歌ったり〜おえかきしたり…
　　　そういう想い（願い）で…理想の園づくりをめざしてきました
　はじめの頃…「**夢みたいなこと**」と言われましたが
　　　『**心意気**』と『**知恵**』そして〜応援してくださる『**仲間**』に支えられ
　　　　今では…『**夢もやってしまえば〜現実！**』になっています

　その後〜場所を**加古川**に移し…　小さな園舎を建てました
　　2002年度から…　園名を『**コッコさんの保育園**』に改め
　私はフリーになり『**子育て情報ステーション☆おひさま**』という
　　　子育ての『**講演会**』や『**保育者研修**』の〜仕事を始めました
　　　　（詳しくは…「コッコさんの保育園」のホームページをご覧ください）

　現在も〜「コッコさんの保育園」は…スタッフ（仲間）が
　　　毎日〜自然の中におでかけする「**青空歩育**」を実践し…
歌うことが好き！　描くことが好き！　創ることが好き！
　　　友だちが好き！　あそぶことが好き！　生きることが好き！
　そういう「想い」を大切にした…保育や子育てを
　　　園と家庭が『**いっしょ**』になって〜創っています

☆好きを見つける！
　　　私の好きなもの…「**じょっぴんや**」のコーヒーとコロッケカレー
　　　　　私の住んでる〜加古川の西側に「じょっぴんや」という喫茶店があり
　　　『**薫風**』（くんぷう）と名づけられた〜コーヒーをよく飲みに行きます
　　　　（この原稿の大半も〜薫風を飲みながら〜生まれました）

　　　『**好き！**』をひとつ持てば〜いろいろ便利で…
　　　　　友や〜遠方からのお客がくれば〜そこへ連れてゆく…
　　　　　　　好きなものを〜持つこと！　それは人生の〜楽しみ！喜び！です

　　　今日から（今から…）新しい『**好き！**』を〜見つけてください
　　　　　好きな**絵本**でも〜好きな**歌**でも〜好きな**絵**や**雑貨**でも…
　　　そして〜その『**好きなもの**』の話を〜子どもにしてあげてください
　　　　　あなたの笑顔と共に〜あなたの**しあわせ**が子どもに届きます

　　　最後に…この本を〜読み終わったら…
　　　　　あなたのそばにいる〜子どもを『**抱っこ**』してあげてください
　　　　　　子育てや保育の〜楽しみや喜びは…そこから始まります！

☆今〜私にできること…☆
　　　　毎日〜子どもを抱っこすること…
　　　　毎日〜絵本を読むこと…
　　　　鼻歌を〜うたうこと…　笑顔を〜見せること…
　　　　子どもに〜「ありがとう」を言うこと…
　　　　子どもの話に〜耳を傾けること　そして最後まで聞くこと…
　　　　子どもと〜いっしょに「不思議」を驚いたり〜楽しむこと…

　　　あとは…　みなさんが〜考えてみてください
　　　　　子どもと『**いっしょ**』に…考えるのも〜おもしろいです
　　　　　　あなたの**とびっきりの笑顔**を〜子どもは待っています

執筆者紹介

高橋のぶゆき （保育ネーム＝タカ坊）

1958 年	兵庫県明石市に生まれる　子ども時代…明石の海であそび！育つ！
	５年間のサラリーマン生活の後　保育の専門学校へ…卒業後神戸の保育園で保父として働く
1988 年	加古川にて『おひさまぐる～ぷ』（3～5歳児　3年保育の幼児園）を始める
2002 年	『子育て情報ステーション☆おひさま』をスタート！　講演活動を始める
2004 年	保育誌『げんき』に連載「虫の眼・鳥の眼・子どもの眼」を始める
2011 年	園名を　幼児フリースクール『おひさまぐる～ぷ』にする

著書　　『生きるための言葉』（共著）（エイデル研究所）
　　　　　『あなたの笑顔見てたら』（エイデル研究所）
　　　　　『げんき』（エイデル研究所）に「虫の眼・鳥の眼・子どもの眼」連載中（No. 84 号～）

子育て情報ステーション☆おひさま

A　子育て講演会　演題（約90分）
　　A-1　『子育てと絵本』【子どもの心に届く言葉】　（まず…聞く力を育てる）
　　A-2　『家庭（教育）力』【アンダー10の子育て話】（生活リズムと　情緒の安定）

B　保育研修会　演題（約120分）
　　B-1　『あそびの保育』　手あそび・歌あそび・絵本あそび・色紙あそび・感性ゲーム他…
　　B-2　『絵本と保育』　　保育の中での絵本について（絵本の持ち方・読み方・あそび方…）
　　B-3　『幼児のおえかき』絵を描くことが…好きな子どもを育てるには…
　　B-4　『幼児の積木あそび』保育の中での…積木あそび（ネフの積木・ウール積木から学ぶ）

幼児フリースクール『おひさまぐる～ぷ』　高橋のぶゆき
〒675-0006　兵庫県加古川市神野町日岡苑１－４
TEL・FAX　（079）421-4789
詳しくは『おひさまぐる～ぷ』のホームページをご覧ください。
http://www.kidslink.jp/kokkosan/

虫の眼・鳥の眼・子どもの眼 ― 子どものミカタ（味方・見方）

2009 年 8 月 15 日　初版発行
2017 年 7 月 15 日　2 版発行

著　者　　高橋のぶゆき
発行者　　大塚智孝
印刷・製本　中央精版印刷株式会社
発行所　　エイデル研究所
　　　　　102-0073　東京都千代田区九段北 4-1-9
　　　　　TEL.03-3234-4641 FAX.03-3234-4644
　　　　　ISBN978-4-87168-462-0　C3037　Printed in Japan